美しい生花祭壇を製作するための
基礎テクニック完全版

日本の生花祭壇

Complete guide to basic floral arrangement
techniques for funeral services

三村 晴一

PIE

INTRUDUCTION

花を扱う職人として、「ただ綺麗なものを作りたい」「もっとうまくなりたい」という、この気持ちはずっと変わらず、今も常に念頭にある、わたしの信念です。

また一方で、「人の死」があってはじめて仕事となる葬祭事業関係者としての側面もあわせ持つことから、その隣り合わせの中で深く考え、常々一花屋としてどうあるべきかを模索しながら、邁進する日々を送っています。

ただ自分の作りたいものを作るということではなく、ときとして亡くなられた方、一人ひとりの人生背景をもとに、一つのものを作り上げるという生花祭壇の製作では、葬儀式特有の空気感から、独特の緊張感に直面します。

残されたご親族と葬祭担当者は、生花祭壇に何を重視し、何を望んでいるのか。愛でた花や好きな色、好きなものからイメージできるもの、表現できるものは何か。

限られた時間の中で考え、花を通して目に見える形にしていきます。

会場に装飾した生花祭壇を見たご家族の方から、「花が綺麗でうれしい」と喜ばれ、感謝され、泣いてもらえるような感情や情景を引き出せたとき、これこそが花屋冥利に尽きると考えています。

今後も生花祭壇製作を通して、「上質なお別れの空間作りのお手伝い」を全力で行い、自身の終わらない技術探求に努めていく所存です。

さらに、葬儀生花業界全体のレベルアップの底上げに尽力したいという思いを失うことなく、「日本一の祭壇バカ」を目指して日々精進して参ります。

本書を手に取ってくださったあなたにとって、葬儀花に携わる職人として何か一つでもプラスとなり、大きな刺激となって頂ければ幸いです。

感動を創る技術を手にしよう——

三村 晴一

CONTENTS

CHAPTER 5
創作祭壇を構成する基本パーツの製作術

CHAPTER 6
多様化する葬儀式に対応する自由な生花祭壇スタイル

CHAPTER 7
大型生花祭壇の製作と設営

CHAPTER 8
祭壇の作例集と適用花材

◎本書では、首都圏・関東地区での葬儀の形態と慣例をもとに解説しています。それぞれの地域での葬儀の風習が異なりますので、その地域ならではの慣例にもとづき、対応するようにしてください。

◎それぞれのプロセス解説で使用している［使用花材］については、地域や季節、市場状況において、花の大きさや葉色、草丈が異なります。そのため、記載している本数はあくまでも目安として、そのときどきの製作時において、臨機応変に本数を調整するようにしてください。

◎使用しているキクについては、開花調整をして使用しています。「蕾」から「開き」と呼ぶ「七分咲き」までを使用していますが、三分咲きや「中開き」と呼ぶ「五分咲き」など、開花調整を行い、さまざまな花の大きさのキクを並べて挿してラインを製作しています。プロセス解説の文中で、「三分咲き」などの表現がありますが、開花調整の微妙な違いであるため、［使用花材］には詳細の本数を明記せず、「キク」の本数として明記しておりますので、ご注意ください。

◎「喪家」という語句について、［CHAPTER 1～2］の葬儀と生花祭壇の歴史についての解説ページでは、「喪家」と表記し、挿し方の実践テクニック解説ページにおいては、東京近辺での方言である「葬家」と表記しています。

◎「輿型祭壇」について、［CHAPTER 1～2］では、正式名称の「輿型祭壇」と表記し、それ以外では、一般的な名称として知られる「白木祭壇」と表記しています。

CHAPTER 1

日本の生花祭壇について

文・碑文谷 創（葬送ジャーナリスト）

『生花祭壇』とは どんなものなのか

およそ数万年前のはるか昔から、人類は故人へ花を手向けてきました。
それはいつしか葬儀式での「祭壇」に形作られて弔われています。
葬儀式において、さまざまなデザインの美麗な生花祭壇が
飾られるようになった背景とは、その歴史とはどんなものなのか、
日本の葬儀の歴史を紐解きながら、分かりやすく解説します。

葬儀における生花祭壇とは どんなものであるのか

葬儀の会場設営において、一般に前中央に「祭壇」が設けられています。これは万国共通でもなく、日本古来の形式でもありません。日本では、たかだか50～90年くらいの歴史を持つものに過ぎません。しかし、この「葬儀壇」は、弔いの対象化という意味を持っています。

考えてみれば、仏教寺院の荘厳壇である仏壇、キリスト教会の礼拝堂の前面、これら祭儀を行う空間と配置がよく似ています。こうした人々が慣れ親しんだ宗教空間と葬儀における祭壇の類似性が、違和感なく現代の人間が親しむ理由となっているのでしょう。

葬儀における祭壇とは「死者を弔う」空間です。葬儀の意味が「死者を弔い、葬る」ことである以上、その意味を明示するのが祭壇の役割です。

葬儀は人間のいのちの有限性、尊いこと、その喪失の傷みをいやおうなしに突き付けます。いかにも花を連想させます。生花祭壇の歴史は短いものの原初性を持ちます。弔いの具現化こそが生花祭壇の課題といえましょう。

厳粛な雰囲気漂う左右対称の祭壇

非常にオーソドックス、かつクラシカルなスタイルの並列デザインの祭壇。キクの並列デザインを3段組み合わせ、厳粛な雰囲気を演出。遺影下にはポイント花のコチョウランを使い、緩やかな弧を描いた遺影まわりの外形ラインは、厳かな中にやさしい雰囲気を加えている。

METHOD
2

日本の「葬儀」と「祭壇」の変遷

日本の葬儀のメインイベントは、古くから「葬列」にありました。
近代となり、派手な葬列が批判を浴びると、昭和初期以降に告別式が登場。装飾壇である祭壇が注目されます。
2000年以降、葬儀が個人化傾向を強めるとともに、生花祭壇が主流となりつつあります。

HISTORY1 葬儀と祭壇の歴史

かつて行われていた葬列

江戸時代後期の葬儀を描いた絵を見ると、当時は自宅で葬儀が行われていましたが、前中央に棺（当時は縦に高い座棺だった）が置かれ、周囲に造花や生花が並べられています。遺体（柩）が中心でした。

よく「米国は遺体（柩）中心、日本は祭壇中心」と評されますがそれは正確ではありません。日本でも長く遺体（柩）中心に葬儀が行われてきましたし、祭壇が中心になるのは式においてであり、今でも臨終の看取り以降、通夜までは葬儀の中心は遺体（柩）です。

江戸時代以前からも葬儀イベントの中心は葬列（野辺の送り）でした。死亡した自宅から葬りのために寺、火葬場、墓地に柩（遺体）を運ぶのが葬列。遺族、親族、地域の人が歩いて参加、葬地まで送りました。

但し、江戸時代までは昼間の葬儀が禁止されたことから葬列は夜間に行われました。

明治になり昼に葬列が行われるようになりました。明治の中期、商業、産業が勃興し、その葬列が都市部では市街地を通り、奢侈、派手に行われるようになりました。棺は、現在の横に遺体を横たえる寝棺となり、柩は輿で運ばれました。

「輿」は神輿を模したものです。神輿は塗り、彫刻で装飾されていますが、葬儀で1回限り用いられる輿は白木です。とはいっても資金力のない庶民層は、繰り返し使用される塗り輿を用いました。富裕層は輿を大勢の人夫が担ぎましたが、葬列参加者の少ない庶民は、輿をリヤカー（2輪の荷車）に載せて引きました。

◎平安期の貴族の葬列
古代から葬儀の中心は葬列であった。
「功道居士葬送図」／国立歴史民俗博物館所蔵

◎大正期の自宅からの葬列の出発
輿（柩を収めたもの）を人夫が担ぐ。遺族は白装束で続いた。
『一柳葬具總本店百年史』より

◎昭和前期の東京の葬列
遺族は喪の白色であるが、参列者は晴れ着を着ていた。

◎昭和前期頃の東京北区の葬列
僧侶が先導し輿（柩を運ぶもの）、女性の遺族（白喪服）、関係者（晴れ着）が続いた。
『北区史　民俗編３』（北区編纂調査会編・東京都北区・1996年）

『北区史 民俗編３』葬列写真（北区編纂調査会編、東京都北区、1996年）／北区立中央図書館『北区の部屋』

「棺」と「柩」
［CHAPTER１～２］では、文章中において、「棺」は「材料」としてのものを指し、「柩」は「遺体が入った状態」のものの意味として書き分けています。

葬儀に祭壇が取り入れられた経緯

明治中期以降の奢侈（しゃし）な葬列は批判を浴び、1930（昭和５）年頃から「葬列を廃し告別式」という流れが出てきます。これはあくまで大都市部の話で、告別式の全国化は、戦後の1960（昭和35）年以降のことです。

告別式の装飾壇（そうしょくだん）として中心を占めたのが「祭壇」。祭壇は、葬列で柩（ひつぎ）を運ぶ輿（こし）を模したもので、「輿型祭壇（こしがたさいだん）」「宮型祭壇（みやがたさいだん）」といわれます。

最初は２段、せいぜい３段の組み立て式が多かったようです。最初は最上部の輿（宮型）の後ろに柩（遺体）が置かれました。柩が運び出しやすいように最前部に置かれるようになったのは、1970（昭和45）年前後からのことです。

戦後の高度経済成長を背景に祭壇の大型化、装飾化が進み、「葬儀料」は「祭壇料」と言われるほど葬儀＝祭壇というイメージが拡がりました。祭壇の周囲には生花が飾られ、シラギクが基本でした。葬儀が大型化するにつれ、祭壇の大型化、電飾化が行われ、両袖のシラギクも２列、３列と多くなっていったのです。

葬列時代は、自宅では柩（遺体）を中心として死者を弔い、葬りには皆が歩いて葬列を組んでいましたが、葬列に代わり告別式が登場すると、自宅では祭壇が設営され、皆が会葬する「見る葬儀」に変化することになります。

祭壇では、本来は死者の象徴である位牌（いはい）が中心でしたが、写真の一般化で遺影として写真が中心に置かれるようになり、カラー写真が普及するとカラーの遺影が多くなりました。

「棺」と「柩」：［CHAPTER 1］では、文章中において、「棺」は「材料」としてのものを指し、「柩」は「遺体が入った状態」のものの意味として書き分けています。

HISTORY2 葬儀の変化と祭壇の流れ

生花祭壇の始まりと一般化への流れ

戦後には、葬儀で祭壇が中心となりました。生花が次第に用いられるようになりましたが、それは祭壇の両脇に置かれました。

関西では、自宅や寺の式場外にはシキミ（樒）が飾られました。古くは花環でしたが、関西の葬儀社が関東と差別化を図るために、仏花であるシキミを組んで飾ったのです。当初は「供花」として用いられた花環、シキミも1990（平成２）年前後から急速に姿を消しました。取って代わったのが、それ以前から併用されていた生花の供花です。生花の供花は、小型のため、特に関東では祭壇の両脇に並べられるようになりました。

「生花祭壇」の始まりは、1967（昭和42）年の吉田茂元総理の国葬とされています。無宗教形式で日本武道館にて行われた国葬では、輿、宮型の類の祭壇が用いられず、全面に白色と黄色のキクで飾られました。その数の多さから「東京近辺ではキク不足に陥った」といわれています。

これにならって市民葬、町葬、災害慰霊祭などの行政主催の葬儀は、無宗教の生花祭壇が主流になります。一般の葬儀における生花祭壇は、1980年代から始まっていましたが、その様相を一変したのは、1991（平成３）年に48歳の若さで死亡した俳優・松山英太郎さんの葬式です。４千本の真っ赤なバラで作られた生花祭壇は多色化への道を拓きました。大きくテレビ放映されたため、生花祭壇の人気を一気に広めたのです。

真っ赤なバラで埋め尽くされた、俳優・松山英太郎さんの葬式の生花祭壇。

キクで埋められた生花祭壇

日本武道館で行われた吉田茂元首相国葬の生花祭壇。生花祭壇が流行のきっかけとなり、葬儀装花が派手になっていった。

写真：毎日新聞社／アフロ

祭壇を装花し始めた
昭和前期

明治時代中期から、派手な葬列が行われるようになり、大都市では昭和前期に葬列が廃され、告別式が登場した。祭壇を花で飾るようになったことで、花環と供花が配置されている。
『一柳装具総本店百年史』より

昭和前期の
告別式の様子

焼香のために、祭壇前に列を作る着物姿の女性たち。
『一柳葬具総本店百年史』より

「死者を花で弔う」という意識

元々「死者を花で弔う」という意識は、「死者を人間が弔い、葬る」という起源にさかのぼります。数万年前のシャニダールの遺跡で、墓地の中で花粉が発見されたことから､死者を葬る際に花を投じていたこと、それが死者を葬り、弔うという意識が古来人類にあった証左とされています。

生花は、生ものです。季節により咲く花は異なり、冬の季節には少なくなります。そこで東アジアでは、生花の代わりにいつの時季にも用いることができるようにと「造花」が考案され、祭、葬儀では造花、花環が用いられるようになりました。日本も同様です。葬儀の花は造花が本来なのではなく、「生花の代用品」として造花が用いられてきたのです。

生花の生産が本格化し、生活のあらゆる分野に生花が飾られるようになるのは戦後です。こうした生花の広い流通が1980年代以降に葬儀の世界に及びました。時季に関係なく、生花を使用することができるようになれば、代用品であった造花が取って代わられるのは時間の問題でした。

1990年、2000年……と時を刻むように、葬儀での生花利用の範囲は拡大していきました。生花が特に葬儀と密接になるのは、葬儀が人の「いのち」を刻むものであるからです。花は短い移り変わりの中に、「いのち」を表現しています。「いのち」を覚える葬儀では、生花がぴったりしています。

これは、何も日本だけではありません。世界各地においてそうです。「いのち」を覚えるのに、生花ほど似合うものはないといえるでしょう。

HISTORY3 葬儀のスタイルの多様化と生花祭壇

葬儀、告別のあり方、スタイルの多様化

バブル景気が崩壊して不況感が一般化し、6千人を超える犠牲者を出した阪神・淡路大震災が発生したのは1995（平成7）年のことでした。

この年を境に葬儀の世界は、「社会儀礼」から「個人儀礼」へと大きく舵を切りました。何も葬儀の世界の出来事だけではなく、日本人の意識が「大きなことはいいことだ」という意識から身近なものを大切にするものへと大きく変化しました。

社会が大きく変化したのです。1980年代の後半より高齢化の伸びは著しくなり、問題も顕在化してきました。家族は変容し、分散化、小型化が進みました。家族と地域、家族と企業……という、個人を囲む環境は大きく変化しました。家族も地域も企業も弱体化したことにより、葬儀もまた変化を強いられました。

家族葬が人気となり、「世間並み」という感覚が急速に衰退します。「葬儀というもの」への意識も大きく分化し、葬儀も多様化しました。まだ一部に古い意識が残ってはいますが、こうした葬儀の個人化、多様化と同時並行的に進行したのが「生花祭壇」です。

当初は、大きな宮型（輿型）祭壇の代用として舞台一面に飾られるものからスタートしましたが、そのスタイルも多様化しています。高価な花であるコチョウランも人気ですが、他方で野の花も人気を集めるようになりました。亡くなる人の好みだった花が用いられるようになり、大きさ、形、色、花材も多様化しました。

大規模な追悼式における、
厳かな生花祭壇

2011年の東日本大震災から1年後、宮城県石巻市の追悼式では、キクのラインと並列でデザインされていた。

葬列で使用されていた
「輿」と霊柩車

葬列で使用されていた輿は、昭和の時代になって輿付きの霊柩車に姿を変えた。

上写真すべて：碑文谷 創

追悼会、お別れの会では生花祭壇が不可欠に

今日、死亡直後は近親者のみで葬り、しばらく日を置いて死者の関係者に案内して「お別れの会」なる追悼会が行われるケースがあります。場所は葬儀会館のみならず、ホテル、レストランなど、場所を選びません。

死亡直後の葬儀は、宗教意識が希薄になったとはいえ、依然として仏教7割、キリスト教と神道を合わせ1割、計8割が宗教儀礼で行われています。だが、お別れの会、追悼会は9割が宗教儀礼を伴いません。

そこでは当然のごとく、生花祭壇が中心です。葬儀では喪家の宗教が反映されますが、お別れの会では集まる人個々に対応して特定の宗教色を持たない形式が多くなったからです。

古代から、「弔い」は生花と深く関係していました。人間の深層において、「弔い」と「生花」は一体化しています。生花が自由に流通する現代において、生花が弔いの必需品になっているのは、連綿と受け継がれてきたからなのです。

しかし、お別れの会や追悼会が行われる数は、戦後高度経済成長期に多く行われた「社葬・団体葬」と比較すると、はるかに少なくなっています。またニュースで報じられない小規模な追悼会も多くあります。そのため、「お別れ会、追悼会の生花祭壇のモデル」はない、と言い切ってもいいでしょう。戦後高度経済成長期では「質より量」が優先されましたが、ここまでサービスが高度化すると、あらゆる面でクオリティ（質）が問われるようになりました。

生花祭壇も同様です。「弔う人間の想いを、いかに生かすか」が課題となっています。

花色のグラデーションとラインの美しさで魅せる

複数のラインパーツを組み合わせ左右対称に。最下段はキクからデルフィニウムでグラデーションを表現し、印象的に仕上げた。花色の数を控え、ラインデザインの美しさを際立たせている。

METHOD
3

葬儀における
祭壇と装花の一般知識

現代の葬儀では8割が仏教、1割が神道やキリスト教、1割が無宗教（都会では2割）といわれています。
宗教によって、葬儀式はもちろん、それにともなう装花の慣習もさまざまです。
さらに、お別れ会や社葬では、9割が特定の宗教色をもたない無宗教で生花祭壇が一般化しています。
大型生花祭壇も取り入れられ、葬儀には装花が欠かせないものなのです。

SIDE A

仏教の祭壇について

ご本尊を中心に据えており輿型祭壇の設置が未だ多い

仏教葬儀は輿型（宮型）祭壇であるというのは誤解です。ほぼ共通しているのはご本尊、三具足（香炉、花立、ろうそく）が必需品であることです。

ご本尊は浄土宗、浄土真宗では「南無阿弥陀仏」の名号か絵像、日蓮宗では「南無妙法蓮華経」の大曼荼羅であるなど、宗派により異なります。基本は檀那寺からご本尊を預かり、中央に何も妨げることなく据えます。その下に、浄土真宗以外では位牌を置きます。浄土真宗（西ー浄土真宗本願寺派、東ー真宗大谷派、他）だけで仏教の3分の1を占めていますので、仏教＝位牌と考えないようにしましょう。

通常は位牌の下に遺影が置かれますが、浄土真宗では死者は礼拝の対象ではないとされ、中央線からずらすことも多いです。宗派というよりも僧侶により葬儀の飾り（荘厳）に対する考えの相違があります。

装花は、祭壇の両脇に配したり、輿型祭壇の下に生花祭壇を設置するスタイルが潮流となっています。式場の両脇に供花を添えます。

SIDE B

キリスト教の祭壇について

基本は簡素でシンプルな葬儀装花アレンジメント傾向が強い

キリスト教は、「カトリック」と「プロテスタント」でカラーが異なります。宗教者は「カトリック」では「司祭」「神父」、プロテスタントでは「牧師」です。

昨今は、葬儀会館での葬儀も多くなったとはいえ、キリスト教の葬儀は原則として、「故人の属した教会」で行われ、儀礼に用いる道具類は教会が用意します。「カトリック」では、教会堂の十字架を隠さないように、祭壇の中央、柩の周囲で司祭が動けるスペースをとるようにします。

装花は、アレンジメントを飾るなどの傾向が強いですが、大規模の場合はあまり高さを持たない生花祭壇が飾られます。「プロテスタント」は牧師によっては、生花2つ程度以外の飾りは排除するところもあります。家族の意向を尊重する傾向にありますが、牧師の考えの差が大きく影響しています。遺影に、「黒リボンを付けない」「名札付きの供花を式場内に並べない」という点は共通です。

SIDE C

神葬祭の祭壇について

榊を中央両脇に配し、シンメトリーに生花で装飾

神道での葬儀を「神葬祭」といいます。斎主（仏教でいう導師）となる、神職の「祭詞（ノリトともいいます)」が伝統的な節つきで、分かりやすく故人の履歴などを述べるような形で進行されます。仏教のお経に比べて分かりやすいといわれ、人気傾向にあります。

祭壇に並べるものは、案と呼ばれる８本脚のテーブルで、食べ物を置く饌案（せんあん）、神への進物を置く幣案（へいあん）などを並べます。

生花祭壇を用いるときは、案の後ろに設けます。両脇に真榊を置きます。

SIDE D

友人葬や無宗教葬（自由葬）の祭壇について

友人葬では「樒（シキミ）」無宗教葬ではカラフルな装花で多彩に

『創価学会』の葬儀を「友人葬」といい、学会員である信仰の同志を学会員である友人が送ることを本旨としています。戒名がなく、集まった同志が南無妙法蓮華経のお題目を唱え、故人の即身成仏を祈念します。飾るものは、原則として仏花である「樒」です。

「無宗教葬」とは、宗教を否定したり無視をする葬儀ではなく、「特定の宗教宗派色をもたない葬儀」のことです。かつて「自由葬」とも呼ばれたように、定められた方式はありません。それだけに遺族や主催者の意向に考慮して行う必要があります。音楽や花が重要になりますが、その使い方もそれぞれです。献花の際の花の向きも定まっていません。花先を会葬者側に向けるか、花先を祭壇側に向けるかが決まっておらず、最初に献花する喪主の方法に後の人がならいます。

お別れ会も「無宗教葬」で行われることが多く、祭壇は生花祭壇とすることが多いです。近年は暖色系の色の花が取り入れられ、多彩さを増す傾向にあります。

METHOD
4

葬儀告別式、社葬、お別れの会 でのさまざまな違い

「個人葬」では、遺族の意向・宗派を尊重して行います。
小規模な葬儀であったり、お別れの会（社葬もこの形式が多い）や追悼会では、多くの会葬者を対象として、
「大型の生花祭壇」が設置され、催されます。
それぞれの形式では葬儀進行の流れから規模、予算なども大きく異なってきます。
遺族や主催者との意思確認を行い、実行させていくことが必須になります。

知っておきたい一般的な葬儀の流れ

個人葬は近年において多様化

「個人葬」は、かつては自宅で地域が手伝って行っていたため、各地域で慣習と特色がありました。社葬・団体葬とは違い、家族などが主催する葬式のことで、もっとも多い形態です。

しかし近年は、8割以上が葬儀会館を会場に行い、地域の係わりも弱くなってきているため、家族の意向でさまざまな形があります。

一般には右図のように、死亡から関係者への連絡・告知までが当日から翌日まで。納棺は2日目。通夜は2〜4日目と幅があります。日程により、設営日が違ってきます。葬儀告別式が通夜の翌日。近年は午前中が多くなりました。葬儀後の法要までが葬儀告別式の当日夕方までに行われて解散となります。

その後は三十五日、または四十九日の法要、一周忌、三回忌（2年目の命日）と続きます。

近年は、一般に告知しないで近親者だけで営む「家族葬」が6割以上を占め、儀式をしない「直葬」も1〜2割あります。また、都会では通夜をせずに儀式を葬儀告別式に限る「一日葬」も増加傾向にあります。

直葬では、柩に花を入れてお別れする以外の飾りはありませんし、家族葬（概念が規定されていないため実態がさまざまなことに注意）においては、式場前面に祭壇を設営するのではなく、柩の周囲を生花で飾り、柩を囲んでの少人数で儀式を営むこともあります。

地方では、かつて「自宅飾り」「寺飾り」と区分けされていた地域では自宅に祭壇を設営し、式場では簡単な飾りで済ませることもあります。葬儀の日程は、家族が外国その他遠隔地にいる、式場の希望時間が集中してすぐ行えないなどで、5〜7日後と長期化する傾向にあります。

◎葬儀の流れ

⇩ 死亡（病院、施設、自宅等）

⇩ 葬儀会館、自宅等への搬送

⇩ 枕飾り、遺体の安置、遺体処置

⇩ 枕経（檀那寺に連絡して勤めていただく）

⇩ 葬儀の打ち合わせ
故人・遺族の意思確認、葬儀の態様、日程など。
ここで飾りの基本アイディアも話し合われます。

⇩ 関係者への連絡・告知

⇩ 納棺
先だって遺体処置（湯灌、エンバーミングなど）を行うことがあります。

⇩ 式場、祭壇、受付等の設営

⇩ 通夜
引き続き法話（通夜説教）、会食（振る舞い）、会葬者が帰った後に
近親者での死者とのお別れ。

⇩ 葬儀告別式

⇩ お別れ
故人と親しかった人が最後に対面してお別れ。家族限定の場合もあります。
このとき生花の切り花を用意し、それぞれが柩に入れます。

⇩ 出棺

⇩ 火葬
火葬後に拾骨。

⇩ 葬儀後の法事
葬儀会館、レストラン、自宅等に移動し、還骨法要、初七日法要等を営み、
会食。終了後に参加者に引き物、花束を渡す例もあります。
先だって後飾りを自宅に設営。

※仏教での個人葬の流れを説明します。

社葬、お別れの会等の場合

個人葬を行った後に催される大規模な社葬やお別れの会

エンバーミングを施し、遺体の防腐保全をし、死亡後２週間〜１か月後に社葬、お別れの会などを行い、その後に火葬するという形態もあります。しかし、一般には、死亡直後に個人葬（告知せず近親者のみで営むのを「密葬」といいます）を営み、遺骨でもって１か月後などの任意の日に、社葬、お別れの会などを営むケースが主流です。

＊遺骨で葬式することを「骨葬（こつそう）」といいます。

著名人の葬儀・お別れの会は、大規模なため準備期間が必要です。告知する対象の選定、会場の選定、告知期間が必要となることから、早くて死亡して２週間後、遅くて死亡してから２か月後に行われます。社葬・お別れの会は大規模なために、設営準備は前日から２日間を要すことも多々あります。

個人葬は一般にすでに済ませているため、お別れの会、社葬は１日で行われることが多いのですが、中には社葬（団体葬）の前日夕方に、社葬（団体葬）通夜を営むケースもあります。

また、社葬（団体葬）においては、お別れ会開式前の午前中に、親族、主な企業・団体関係者のみで、宗教儀礼を伴う葬儀を行うケースもあります。

◎葬儀の流れ

⇩ 死亡
⇩ 遺体安置、遺体処置
⇩ 枕経
⇩ 葬儀の打ち合わせ
⇩ 近親者でお別れ（通夜）
⇩ 出棺
⇩ 火葬
日を置いて
⇩ （通夜）
⇩ 葬儀告別式、お別れの会
⇩ （場所移動）葬儀後法要・会食
⇩ （納骨……当日とその後に日を置いて行われることも）

火葬を先にして遺骨でもって葬式することも

日本全国のあらゆる地域で異なる葬式におけるかさまざまな慣習

北関東以北においては、「葬式→出棺→火葬」という流れではなく、葬式に先立って近親者によって火葬が行われ、葬式では遺骨（骨壺）を据えて営まれる「骨葬」が多く行われています。新潟、長野、静岡、熊本などの一部地域にも骨葬地域があります。

「朝出棺→火葬（午前中）→葬儀告別式（午後）→会食→納骨（近親者のみで夕方）」という流れが多かったのですが、火葬をすれば遺骨は腐敗しないので、日を置いて葬儀告別式をする例が多くなっています。通夜も出棺・火葬の前夜にするケース、骨壺を前に葬儀告別式の前夜に行うケースとさまざまです。

近年では、地域の習慣に関係なく、死別直後は近親者でお別れして火葬を済ませ、落ち着いてから死者と関係する人と葬儀告別式をする人もいます。

一般的　通夜 ⇨ 葬儀告別式 ⇨ 火葬
葬儀告別式を行った後に出棺し、火葬する。

骨　葬　火葬 ⇨ 通夜 ⇨ 葬儀告別式
葬儀告別式前に遺族のみで出棺し、火葬する。
「先火葬」ともいう。

土　葬　「土葬」は、旧石器時代から行われてきた埋葬の方法で、遺体をそのまま土に埋めて葬るやり方。かつては土葬が主流であったが、1960 年代以降は火葬が主となった。日本の火葬率は 99.1%で世界一。

直　葬　通夜・葬儀という儀礼を行わないで死後 24 時間経過後に近親者のみで火葬をする。火葬炉の前で読経のみ行うこともあり、「火葬式」「荼毘式」とも呼ばれる。

その他　通夜と葬儀を合わせ葬儀のみとする「一日葬」、近親者のみで行い公に葬儀をしない「密葬」、親しい人のみで行う小規模な葬儀である「家族葬」など。

CHAPTER 2

生花祭壇を製作するために必要な予備知識

METHOD 1

『生花祭壇』の仕組みと受注までの流れ

生花店は、主に葬儀社からの注文によって生花祭壇を製作します。
生花祭壇の受注、製作、納品までの流れと
祭壇以外にも必要となる装花の種類を紹介します。

SIDE A

葬儀を請け負っているさまざまな業者について

一般的な葬儀を請け負う葬儀社 大型葬にはイベント会社も参入

葬儀には、家族、友人、会社関係や近隣の人々などが集まる一般葬のほか、親しい身内のみで行われる家族葬、企業や団体が施主となることが多い社葬・団体葬、お別れ会などがあります。一般的に、葬儀式は葬儀社が請け負い、祭壇製作を行う業者に発注されます。しかし、社葬・団体葬、お別れ会など、中規模から大規模な葬儀の場合は、会場のホテルや施主から依頼を受けた広告代理店、イベント会社が請け負うこともあります。

まれな例としては、ホームページやSNSでの情報発信などを見た喪家や施主から、直接依頼を受ける場合も。また、製作する生花店自体が所属する団体などから依頼を受ける場合もあります。

SIDE B

生花店への発注はどのように依頼されるのか

葬儀社からオーダーを受けたらスピーディーに、かつ正確に対応

喪家から葬儀を請け負った葬儀社は、遺体の安置場所への搬送を行う時点で、電話で生花店へ発注の一報を入れることが多く、喪家が希望する祭壇製作内容についての詳細な打ち合わせは、その後行います。打ち合わせでは、葬儀の形式や規模、料理、祭壇のスタイルなど、予算や喪家の要望に応じて決定します。生花祭壇に関しては、デザインカタログなどをもとに、予算、サイズ、デザイン、使用したい花材や色などを確認した上で生花店に発注を行い、納品場所、時間などの連絡も行います。また、生花祭壇以外の供花や献花などの注文も行いますが、供花は通夜、葬儀・告別式開始まで追加になる場合もあります。

葬儀式に伴う生花店が行う作業の流れ

◎葬儀の流れ	◎祭壇製作者においての実際の作業
⇩ 死亡	遺族から葬儀社へ連絡。
⇩ 葬儀会館（自宅など）への搬送	葬儀社から生花店に、発注の一報が入ることが多い。
⇩ 枕経	
⇩ 枕飾り	故人の枕元に枕飾りをする。この際に、枕花を届ける場合がある。
⇩ 葬儀内容の打ち合わせ	葬儀での祭壇の内容が決定することが多い。花を多く使用する葬儀の場合は、生花店が同席する場合もある。
⇩ 葬儀準備	
⇩ 納棺	
⇩ 祭壇設置	作業所で生花祭壇を製作して、会場に運搬し設置を行う（葬儀会場で製作を行う地域もある）。
⇩ 通夜	会場にて通夜が開始するまで、供花の追加に対応する場合もある。
⇩ 葬儀告別式	出棺前に棺に入れるお別れの花を用意する。
⇩ 出棺・火葬・初七日	出棺後、すぐに会場の後片づけを行う。残った花を使い、自宅用生花と花束を作る。
⇩ 後飾り	自宅に生花を飾り付ける。

※北関東、東北などでは、葬儀に先立って火葬をすることがあります。

受注から葬儀後まで 祭壇以外にも必要な装花

葬儀社から生花祭壇を受注し、祭壇の内容が伝えられたら、通夜までの時間に、祭壇を製作します。通常受注から葬儀までは１～２日ありますが、地域によっては夕方から行われる通夜の発注が、当日の午前中に入ることもあります。

生花店が製作を担当するのは、生花祭壇以外にもさまざまなものがあります。枕飾りの枕花や出棺束、供花、焼香台まわり、式場看板下や思い出コーナーのアレンジメントなど。また葬儀会場では、葬儀の進行に合わせ、棺に入れるお別れの花や献花の準備、お持ち帰り用の花束の製作なども行います。葬儀後は、自宅の後飾り用に生花を運搬したり、アフターフォローとして、四十九日や一周忌、三回忌などの花を、葬儀社を通して自宅に送ることもあります。

METHOD
2

生花祭壇を製作するための基礎知識

生花祭壇の製作者の仕事は、祭壇の製作だけではありません。
枕花から供花、式場看板、祭壇、棺まわりに至るまで、
通夜から告別式で必要とされる、あらゆる装花を製作します。

SIDE A 葬儀式や社葬・お別れの会などでの装花の種類

◎枕花（枕飾り）

枕飾りは通夜までの間、安置される故人（柩）の枕元に置くもので、枕花はそのそばに供えます。通夜が始まるまでに駆けつけた弔問客のための飾りでもあります。枕花は持ち運びがしやすく、手間をかけずにそのまま飾ることができる、アレンジバスケットが向いています。特別な指定がない場合は、ユリやキクなど、日持ちの良い花材を使用します。

◎出棺束

棺の上に供える花束のこと。地域により異なりますが、主に納棺から告別式、出棺までの間に供えます。納棺から供える場合は、長時間飾ることに耐えうる花材を選定し、保水を施しておく必要があります。棺上に寝かせておくため、適した形とサイズで作ることがポイントです。そのまま火葬する場合もありますので、アルミ箔の使用は避けましょう。

◎供花

遺族、親族、故人と親しかった友人などの関係者が、故人に供えるアレンジメント花のこと。アレンジメントの大きさ、使用花材の種類や本数、設営する道具、名札の形や大きさなどは、葬儀社ごとのパターンがあり、それぞれスタイルが異なります。最近では供花の費用を、生花祭壇の製作費に充当するケースもあるようです。

◎献花とメモリアルコーナー

献花は、キリスト教式、無宗教の葬儀式において、１人１輪ずつ手向ける花のこと。まれに仏式の葬儀でも、焼香に代わる方法として用いられます。花材は白いカーネーションが一般的ですが、故人が好きだった花やさまざまな花材を選択できるよう用意することもあります。メモリアルコーナーでは、故人の写真など思い出の品々を展示。装花は生花祭壇と同じ花材を使い、雰囲気を統一させる傾向にあります。

◎式場看板

社葬などの大規模な葬儀の場合、葬儀会場の入り口に、案内として立てられる看板に施す装花。会葬者がはじめに目にする花ですので、会場内の生花祭壇とリンクさせた花材やデザインを施すと良いでしょう。

◎遺影まわり

遺影を囲む装花のこと。祭壇のなかでは、会葬者がもっとも目を向ける場所になるため、遺影下にはポイント花をあしらいます。基本的に、下部にデザインパーツを組み合わせますが、家族葬のように規模の小さな葬儀式では、遺影まわりのみを製作する場合があります。

◎祭壇

葬儀に用いられる壇のことで、仏式の場合は伝統的に輿型（宮型）祭壇が使用されてきました。全国的に見た場合、生花による装花と輿型祭壇を組み合わせる形式が一般的です。ただし、輿型祭壇を使用しない生花祭壇のみの場合も、増加しています。仏式の葬儀の場合は、祭壇に遺影や位牌、お骨、供物などを飾り、祭壇前に経机を設置し、僧侶による読経が行われます。

◎棺まわり

キリスト教式や無宗教スタイルの葬儀、家族葬、リビング葬などでは、喪家の希望により、棺まわりの装飾を行います。花材を規則的に配置するスタイルや、花材をランダムに挿した自然風のスタイルがあり、棺の周囲を装飾します。

生花祭壇はどのように飾られるのか

◎輿型祭壇に生花祭壇を飾っている場合

幅３間（５m40cm）、左右対称デザインの生花祭壇と輿型祭壇を組み合わせた例。遺影は本尊の左または右に置かれるが、中央に配することも多い。焼香台におく焼香花は焼香の邪魔にならないよう、小さめにする。

◎輿型祭壇の各名称

高欄があり、「袖付（そでつき）」と呼ばれるタイプの輿型祭壇。「輿」とは、昔の葬列において棺を運んだ輿を原型にしており、関西では「棺前（かんまえ）」とも呼ばれる。「六灯（ろくちょう）」は祭壇に置かれる灯明のこと。

仏式の葬儀で多く見られる輿型祭壇と生花祭壇との組み合わせ

輿型祭壇とは、本尊や仏具、供物などを置く装飾壇のことで、仏式の葬儀式で使用されます。木製で、土台となる壇の上部に輿を載せた構造になっています。東京近郊では輿型祭壇のない貸し会場が主流ですが、全国的には輿型祭壇を常設した葬儀会場が主流です。生花の装花を組み合わせて飾る場合は、壇の前に祭壇台を置き、輿型祭壇のサイズに合わせて作成した生花祭壇を設置します。生花祭壇の前には、後火葬の場合は柩、その手前に僧侶が読経を行うための前机、会葬者が焼香を行う焼香台を置きます。供物や仏具の種類や呼び名は、宗派や地域などによって異なります。

生花祭壇のサイズを表すには、基本的に尺貫法が用いられます。その理由は諸説ありますが、棺や輿型祭壇が大工によって製作されていたからという説が有力です。

METHOD
3

生花祭壇を構成するさまざまな要素

生花祭壇を構成する要素は、遺族の意向、宗教、宗派、地域などによって異なります。
一般的な仏式葬儀では、遺影と位牌、柩（遺骨）を中心に配置することが多く、
その配置を考慮した上で、祭壇のデザインを行います。

SIDE A 生花祭壇を構成する名称を知る

◎一般的な生花祭壇

生花祭壇の両脇に供花があり、通夜と告別式の後に出棺、火葬を行う一般的な葬儀の生花祭壇。高さ 30cm のステージの上に持参したテーブルを置き、祭壇を設置している。

◎ 創作祭壇

上部に山を配し、下部に悠然と流れる川を表現する。中央に遺影、位牌台を配置。

◎ 大型祭壇

ステージにテーブルを置き、祭壇を設置。遺影はモニターで映す形も。

生花祭壇やお悔やみの心を込めた供花で故人との別れを美しく彩る

仏式の葬儀式の生花祭壇では、会葬者の耳目を浴びる場所に故人の遺影を置き、コチョウランやカトレアといったポイント花で飾ります。位牌やお骨を置く場合は、会葬者の耳目を浴びやすい場所に配置し、遺影同様、ポイント花をあしらいます。柩は一般に、祭壇下の寺院席との間に置きます。供花は、祭壇の両脇に並べますが、数が多く並べきれない場合は、廊下など、会場までの動線に飾ることもあります。

SIDE B 生花祭壇製作で使用する道具類

◎ハサミ

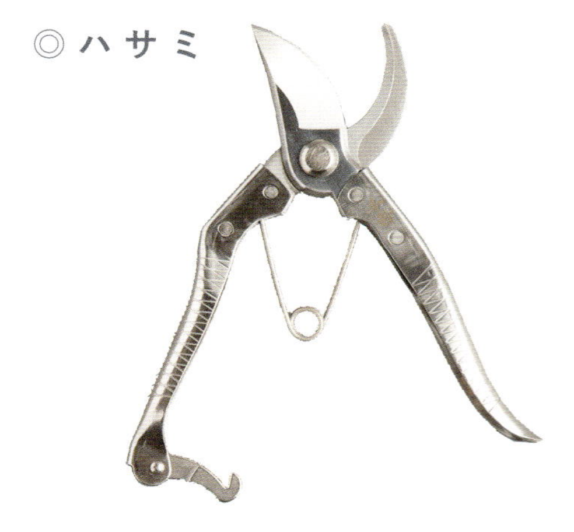

剪定バサミを使用。切った花材を利き手に持ち替えて挿すと、作業効率が悪いため、ハサミは利き手とは逆の手で使用する。

◎フローラルフォーム

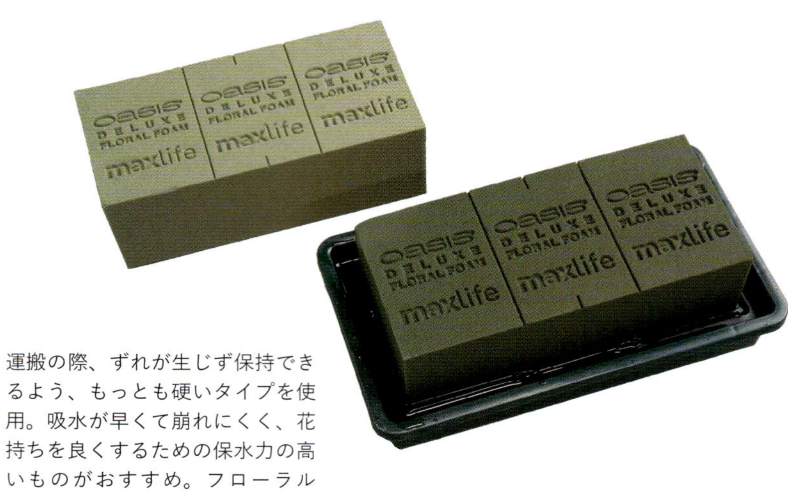

運搬の際、ずれが生じず保持できるよう、もっとも硬いタイプを使用。吸水が早くて崩れにくく、花持ちを良くするための保水力の高いものがおすすめ。フローラルベースは一つ用を使用。

◎フローラルフォーム下板（したいた）

幅は2～6尺（60～181cm）まであり、祭壇サイズや設置場所の動線に合わせ使い分ける。それぞれ縦置き用と横置き用がある。

◎祭壇台

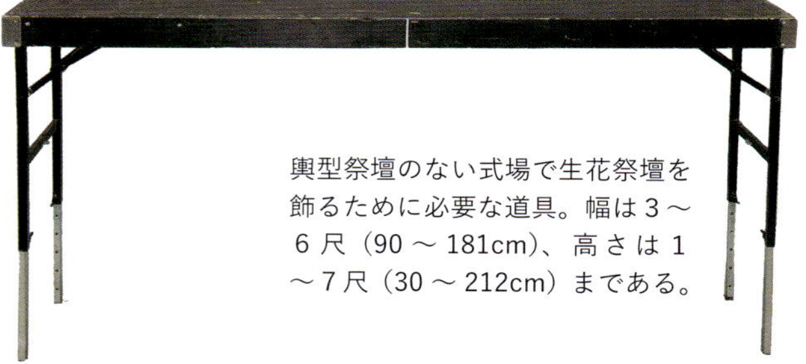

輿型祭壇のない式場で生花祭壇を飾るために必要な道具。幅は3～6尺（90～181cm）、高さは1～7尺（30～212cm）まである。

正確な仕上がりと作業効率を上げるため必要な道具をセレクトする

生花祭壇製作でもっとも重要な道具であるハサミは、枝切りも可能な剪定バサミを使用します。生花祭壇製作は、スピードと正確さが必要です。利き手でハサミを使うと、利き手でない方で花材を挿す、または花材を利き手に持ち替えることになります。作業効率のアップを図るため、ハサミは利き手でない方で使いましょう。フローラルフォームは側面まで無駄なく挿せるよう、一つ用のフローラルベースを使って使用数を抑え、コスト削減につなげます。この他、生花祭壇の設置に必要なビロード幕や黒幕、チュール生地、照明器具、霧吹き、写真台、献花用のお盆などを用意します。

◎尺台（しゃくだい）

尺台を並べて上に板を渡して供花を置いたり、生花祭壇の段組みなどに使用。高さは1～6尺（30～181m）。脚は1mm単位で伸縮可能。台の幅は1尺（30cm）。

SIDE C 生花祭壇を構成する花材を知る

小売店舗と祭壇装花のリンクで
花材のロスをカットする

キクは、昭和初期から葬儀花として使われていたといわれ、現在も生花祭壇を構成する花材の主流です。しかし近年は、さまざまな花材が使われ、アレンジメントスタイルの祭壇も増えています。生花祭壇を構成する花材は、特殊なものではなく、小売店舗で扱う生花となんら変わることはありません。

小売店舗を運営し、葬儀装花製作も請け負う場合は、小売りと葬儀をうまくリンクさせることにも注力します。両方で汎用できる花材をバランス良く仕入れ、ロスを減少させることが大切です。

SIDE D

キクは段階的に開花調整させ、目的によって使い分ける

開花状態の異なるキクを使いこなし、
祭壇に遠近感や立体感をプラスする

主要花材であるキクは、花の開き具合の違いによって、遠近感やラインの強弱、立体感などを表現することができます。仕入れたキクは開花調整を行い、「開き」と呼ばれる七分咲きから、「中開き」、「三分咲き」、「蕾」までの各段階をストックしておきましょう。祭壇の面を真っ白に埋めたいために、すべての開きのキクを使ってしまうと、ストックがなくなり、次の生花祭壇の製作に支障をきたすことがあります。ストック量を常に把握し、それぞれの段階でキクの使用配分を調整しましょう。

また、季節や流通する品種の違いなどによって、花首の曲がり方や、葉の付き方などが異なります。その時期に流通しているものを使いこなせるようにしましょう。

キクの開花段階6種

蕾

二分咲き

三分咲き

生花祭壇では、開きから徐々に開きの小さな花を使い分け、強弱や奥行き感、立体感を表現。ラインのスタートに開きや中開きを使い、終点に蕾を使うと、消えゆくようなイメージに仕上げることが可能です。飾った花を花束にして会葬者に渡す地域は、蕾や二分咲き、三分咲きを使用します。

小さめの中開き

中開き

開き

生花祭壇に使用できるのは、「開き」といわれるもので「七分咲き」の状態。それ以上開いているものは日持ちしないため、花の形が変形したり、花弁が垂れたりする可能性があり、祭壇には適していません。後火葬の地域で、花もぎをして納棺用に使用する場合は、中開きから開きのキクを使用します。

METHOD
4

生花祭壇業者のための経営・運営のポイント

葬儀装花を扱う生花店の業務は多岐にわたり、祭壇の製作を行うだけでは成り立ちません。
年間のおおまかな繁忙期やスケジュールに合わせた仕入れ、人員の確保を考える必要があります。
実際の葬儀の場で必要な立ち居振る舞いや服装など、生花店スタッフとしてのマナーも身につけましょう。

SIDE A 葬儀装花での生花店における繁忙期とは

葬儀が立て込む年末年始とイベント時期への備え

冬季は、葬儀装花を製作する生花店にとって、一番の繁忙期です。特に火葬場が休業する年末年始は、年末に亡くなった方の葬儀が行えないため、年明けに業務が集中します。また卒業式や入学式、決算期が重なる3～4月や母の日のある5月、年末などは、通常の生花店小売業務が忙しくなります。この時期に葬儀装花の製作受注が重なると、製作時間や人員が不足しますので、采配とスケジュール管理を入念に行う必要があります。

生花祭壇の主要花材であるキクは、葬儀花の需要が増えるお盆や彼岸になると価格が上昇。安い時期に比べ、倍以上になることも。

SIDE B 葬儀装花製作での仕入れとスケジュール調整

市場の流通量や花材の消費量開花具合に合わせた仕入れ

切り花を扱う花き市場は月・水・金曜に開きますが、流通量が多いのは、月曜と金曜です。土曜～翌月曜の早めの納品を賄うため、一般的には、金曜にもっとも多く仕入れます。月曜は週末の花材消費量に応じて多めに仕入れ、金曜まで保持します。水曜は市場での流通量が少なく、必要な花材のみを補充。大量に花材が必要になる大型葬やお別れ会の製作がある場合は、開催日程に合わせて注文します。

サクラやキクは仕入れ後に開花調整を行う。輸入のスプレーマムも、調整が必要なことがある。開花の調整具合によっては、仕入れ量を考慮する必要がある。トルコキキョウ、カーネーションなどは、調整の必要がないため、必要量だけを仕入れる。

SIDE C　六曜に基づいて行われる葬儀式・告別式スケジュール

言い伝えから、今も避けられる友引の通夜と葬儀式

今日、日本で執り行われる葬儀式の8割以上は、「仏式」といわれています。仏式の葬儀式は、暦上の日を先勝・友引・先負・仏滅・大安・赤口の、6種の吉凶日に分けた「六曜（ろくよう）」に基づいて行われます。友引の日は「冥土（めいど）に友を引く」という言い伝えから、火葬を避ける傾向があり、友引に火葬場を休業する地域もあります。

しかし元来、六曜と仏教は関係なく、宗教的な根拠はないといわれています。現在では、友引休業を中止する火葬場も増えています。

SIDE D　葬儀式における生花店スタッフの服装とマナー

裏方スタッフとしてふさわしい服装とマナーを身につける

生花店のスタッフは、枕花の配達や葬儀場での生花祭壇の設営・片付け時など、葬家や会葬者の前に出る場合があります。服装は白無地のYシャツとスラックスを基本とし、葬儀場での設営時や片付け時は、黒無地のポロシャツとスラックス、靴は黒いスニーカーなど、動きやすくかつ、厳粛な式にふさわしい格好をします。花もぎに参加する場合は略式喪服とし、黒のネクタイとジャケットを着用。女性も同等の服装で、髪が長い場合はまとめます。葬儀会場ではむやみに音を立てたり、走ったりすることは厳禁。葬儀に関わる者として、その場にふさわしい立ち居振る舞いと服装で臨みましょう。

SIDE E　祭壇装飾に付随する道具資材について

会場の条件や地域の風習を熟知し必要な道具や資材を備える

通常の葬儀式では、葬儀会場に設置された白木祭壇に製作した生花祭壇を設営します。全国的に見ると、白木祭壇が常設された会場の方が多数ですが、東京を中心に、貸し式場がメインとなる都市部の地域では、白木祭壇が常設されていません。この場合は、祭壇台や幕、祭壇を照らすスポットライトなどを生花店が用意し、設置をしなければならないことがあります。

生花店の仕事は生花祭壇を会場まで運び、白木祭壇に設置したら終了する、というわけではありません。会場の条件やその地域の風習に合わせ、祭壇に必要な道具や資材を準備し、臨機応変に対応できる力を備える必要があります。

CHAPTER 3

遺影まわりの装花

METHOD 1

豪華な花で
遺影を引き立てる

遺影まわりの装花は、遺影を引き立てるためのものです。
故人の性別や生前に好きだった花、
葬家の要望などでスタイルが変わります。
遺影まわりのみを製作する場合と、
祭壇の上段にセッティングする場合があります。

生花祭壇の印象を決定付ける
遺影まわりのポイント花

生花祭壇は、葬儀の規模などにより、サイズや使用花材が変わるものですが、どんな葬儀式でも、もっとも重要なポイントとなるのは、遺影まわりの装花です。葬儀式の会葬者が葬儀会場に入った際、初めに見るのは故人の遺影であり、その後も献花や焼香の際など、葬儀の終了まで注目を集めます。遺影まわりの装花によって、祭壇の印象が決まるといっても過言ではないため、「故人を連想させる花」や「好きだった花」「豪華さを感じさせるポイント花」などをあしらいましょう。「ポイント花」の代表的なものとして、コチョウランやカトレア、ユリなどがあります。また、自然風に仕上げるスタイルのp.118「さまざまな洋花を使った自然風アレンジメント祭壇」など、コチョウランを使わずに、大ぶりなアジサイなどを多数使って、華やかさを演出することもあります。

色花が印象的な左右非対称スタイル

左右非対称のパーツを上下で組み合わせた祭壇。遺影まわりはp.96「立ち物と組み合わせた左右非対称」、下段左は遺影まわりに合わせ、右はp.264「カラーグラデーションと点対称のラインで魅せる祭壇」のパーツを組み合わせている。色花は上部にオレンジ系の立ち物の花、中心はポイント花のカトレア、下部は白から赤へのグラデーションが美しいカーネーションを使用。

METHOD
2

遺影まわりの基本を学ぶ

遺影まわりは、生花祭壇の中でもっとも注目され、祭壇の主役となるポイントです。
生前の故人の好みや葬家の意向、予算、設置会場の条件などに合わせて製作するため、
形やデザイン、花材の種類や色、花数など、どのような装花が最適かを見極める必要があります。
遺影まわりの基本スタイルや製作法を学び、バリエーションを広げていきましょう。

型とデザインの構成について

左右対称

遺影写真を中心に、左右で線対称になるスタイル。正確に左右対称にするには、左右同種の花材を選び、同じ位置に挿す花のサイズ、色を合わせ、同程度に開花したものを使用します。花材の高さや、挿し位置を揃えることも、正確に仕上げる大切な要素です。

左右非対称

「左右対称」よりも、動きとデザイン性を感じさせるスタイルです。左右の花材１本１本の位置を揃える必要はありませんが、花材の数、高さなど、全体的なバランスを揃えないと、左右どちらかが重たい印象になり、アンバランスになるため、注意が必要です。

アレンジスタイル

自然な雰囲気を演出したいときに適しています。フラワーアレンジメントの要素が強く、デザイン性が高め。花材はグルーピングし、形を整えすぎず、左右非対称に仕上げますが、比重を左右で同じにするのが理想。バランス能力が必要なスタイルです。

花材の組み合わせの特徴

使用できる花とできない花

遺影まわりや祭壇の花といえば、キクやユリが一般的ですが、最近は、花色や種類にこだわらず、さまざまな花が使われています。ただし宗教、宗派などによって使用できない花もあるため、確認が必要です。

キクと洋花のミックススタイル

キクでラインを取り、色花やポイント花に洋花を使うことも多く、和花と洋花との相性は悪くありません。「キクを避けたい」という要望を受けた場合は、スプレーマムやピンポンマムで代用可能です。

アレンジのスタイル

使用花材の自由度が高く、故人の個性を表しやすいスタイル。背景や遺影脇には立ち物の花や葉物、遺影下には丸みのある花、前面に下垂する葉物など、花材の配置には、おおまかな規則性があります。

キクのみを使用するデザイン

クラシカルなスタイルで厳粛で質実な印象。シンプルなデザインが特徴で、花の開き具合で美しいグラデーションを表現できます。花の一つひとつの存在感が際立つため、適した花材選びがポイントです。

「男性色」と「女性色」でのカラー調整テクニック

白をベースにポイントカラーをプラス 3色以上のコーディネートではトーンを揃える

キクやスプレーマムといった白花を基調に、色花やポイント花を加えるスタイルが主流です。一般的に「男性色」といわれているのは白、青など。「女性色」はピンクなど。黄色、グリーン、紫は女性にも男性にも使えます。

葬儀式の花に華やかさを求める地域では、全体に青、ピンク、黄色などの色花を用います。多色使いをする場合は、色のトーンを揃えると良いでしょう。p.132「カラフルな色合いのアレンジスタイル」のデザインでは、色花のトーンをパステル調で揃え、統一感を出しています。

製作するときの諸条件との兼ね合い

□ 予算や飾るスペース

生花祭壇のサイズやデザインは、予算と会場の設置条件によって決まります。葬儀会場の白木祭壇の上に設置するのか、設置する台を持ち込むのか、位牌や供物のスペースが必要かどうか、といった細かい条件を確認しておきましょう。

□ その他

遺影の下には、カトレアやコチョウランなど、その祭壇でもっとも豪華な花や、故人が好きだった花などを入れます。特に注目を集めるポイントですので、花材の鮮度にこだわり、キズの有無などをきちんとチェックしましょう。

遺影まわりの装花、実践テクニック

家族葬向けの小サイズの左右対称から、クラシカルなキクのスタイル、
滑らかなラインが美しいスタイル、無宗教の葬儀にも適したアレンジスタイルまで。
異なるスタイルの遺影まわりを、４つのステップでご紹介します。
それぞれのスタイルで必要なポイントをマスターし、テクニックを向上させましょう。

STEP 1　汎用性が高い左右対称スタイル

祭壇製作の基礎となる小さな装花
小規模の葬儀式に有効

基本的に、遺影まわりは祭壇の上部に配置し、その下に下段部分を設置しますが、装花の予算が少ない場合や、家族葬のような小規模な葬儀の場合は、遺影まわりのみを製作することがあります。また、フローラルフォームを横置きにして奥行きを抑えると、サイズダウンが可能になります。使用する花数を抑えられるため、コストの削減に有効です。

［STEP 1］で紹介するスタイルは、生花祭壇製作の基礎中の基礎で、初心者にも製作しやすいでしょう。生花祭壇は、正確に美しく、短時間で仕上げる必要があります。小型の遺影まわりだけであれば、20 分程度の作業時間で挿し終えるようにしたいものです。

遺影まわりは、［STEP 1］PATTERN B（p.56）の花材をストックに替え、キクの点対称と合わせる。

テクニック
01

美しい左右対称

美しい左右対称にするためには、花の開き具合、花材の高さ、挿し位置、挿す角度を、左右で正確に合わせることが大切。慣れるまでは、定規で花材の高さを測ってから挿すようにしましょう。

テクニック
02

ばらつきが少なく、整然としている

面の部分を美しく見せるには、花材の高さを揃えること。ポイント花だからと前面に飛び出させると、ばらついた印象になり、運搬時に形が崩れやすくなります。

テクニック
03

同じボリュームで隙間を埋める

花材はそれぞれ等間隔に挿すのが基本。外形のラインは、複数列挿すことで花同士の隙間を埋め、面を埋める花材の間は、小さな花材で隙間を埋めます。

STEP 1
PATTERN
A

左右対称でコンパクトな洋花祭壇

左右対称 × 洋花

ポイント花や立ち物の色花が印象的な、
ベーシックスタイル

左右対称でコンパクトな洋花祭壇 ▸完成サイズ：1間（1.8m）

小型でローコスト
左右対称スタイルの基本形

左右対称のスタンダードなスタイルで、宗教や宗派を問わず好まれます。予算の都合で祭壇のボリュームを抑える場合は、フローラルフォームを横置きに。前後のボリューム感は出せませんが、フローラルフォームの使用数や花材の本数は減らせます。外形のラインには、女性的な淡いピンクのキンギョソウを使用。冬の花材ですので、春以降はスプレーマムやグラジオラスで代用します。

左右対称の祭壇を正確に仕上げるコツは、左右の花材を同じ本数にすること。高さ、位置も左右で揃える必要があるため、必要に応じて定規を使い、正確に挿しましょう。

使用花材

◎花物
キンギョソウ（ピンク）……26本
カーネーション（白）……20本
アルストロメリア（白）……18本
スターチス（紫）……適量
コチョウラン（白）……3本
◎葉物
レザーファン……10本
ゴッドセフィアナ……10本

挿し方

01 ｜ フローラルフォームを横にして配置する

フローラルフォームを4個横置きにして並べ、中央後ろに遺影をセットする。

POINT

注意したいポイント

フローラルフォームの置き方でサイズが決まる

予算の都合により、遺影まわりにボリュームを出さずに製作する場合は、フローラルフォームを横置きにします。奥行き、高さ、ともにボリュームを出したい場合は、フローラルフォームを縦置きにしましょう。

02 始点と終点を設定して挿す

キンギョソウは、フローラルフォームに挿したときに、台上から 50cm になる高さで切り、遺影の左に真っすぐに挿す。挿す位置は、左から２番目のフローラルフォームの左奥。続いて、左端のフローラルフォームの左前方に、終点のキンギョソウを 45 度左に傾けて挿し、台上から花の先端まで 28cm の高さにする。

03 始点と終点の間に、均等に挿していく

始点と終点の間を埋めるようにして、均等にキンギョソウを挿し、始点と終点をつなぐ。それぞれの先端をつないだときに、自然なカーブを描くように高さを調整しながら挿す。始点は、左から２番目のフローラルフォームの左奥、終点は、左端のフローラルフォームの左前方に配置しているため、挿す位置を徐々に前にずらしていく。

04 均等に挿し終えた状態

始点と終点の間にキンギョソウを５本挿し終え、左側の外形のラインが完成。キンギョソウの頭が間延びしすぎている場合は、使用を控えるか、間延びした先端をカットして、高さを揃えて使用する。

05 | 左側の始点の花の長さと高さを測り、右側の始点を設置する

左側始点とおおよそ同じ長さにカットしたキンギョソウを持つ。持ち手の中指より下を、フローラルフォームに挿す部分と想定して始点の脇に立て、[02] で挿した左側の始点と同じ高さになるまで、茎を切って調整する。高さが揃ったら、そのまま指を離さずに、右側の始点の位置に移動し、中指が当たる位置までキンギョソウを挿し込む。

06 | 左側の終点の花材の長さを測る

右側の終点も [05] と同様の方法で、左側の終点で高さを測り、右側の終点の位置に挿す。美しい左右対称にするために、花の付き方、大きさが左側と同じようなものを選ぶようにする。

07 | 左右の終点の高さを測る

始点と終点を挿し終えたら、左右の始点と終点の台上からの高さを測り、左右の高さや角度が正確に揃っているかどうかを確認する。

08　右側終点の設置が完了

右側の外側のラインの始点と終点の設置が完了したところ。左右の始点と終点を合わせることによって、正確に左右対称の形を作ることができる。

09　左側の始点と終点の間の中心の高さを測る

左側の始点と終点の間に挿した、中心のキンギョソウの高さを、[05 〜 06] と同じ方法で測る。高さを測ったら、右側の始点と終点の間に挿す。

10　さらに、間を挿していく

右側の始点と中間点の間に、キンギョソウを２本挿す。この２本も、左側始点と中間点の間に挿した２本と高さを合わせる。左右対称の場合は、美しい左右対称にするために、花の付き方、大きさが左側と同じようなものを選ぶようにする。また、必ず左右の本数を合わせる。

POINT

注意したいポイント

慣れてきたら、花材の茎で計測する

花材を１本１本定規で測ると時間がかかってしまうため、ある程度挿すことに慣れてきたら、花材を定規代わりに使いましょう。次に挿す花材を持ち、測りたい花材の脇に真っすぐに立てて、持ち手の位置を花材の高さに合わせます。そのまま反対側の花材に合わせると高さが測れ、効率的に作業を進行できます。

11 中心と終点の間を等間隔で挿す

右側の中間点と終点の間に、キンギョソウを２本挿す。この２本も、左側の中間点と終点の間に挿した２本と、高さを合わせる。

12 左右の１列目を挿し終える

左右の１列目を挿し終えたら、祭壇の中央から数歩下がって中央に立ち、挿し終えたキンギョソウが左右対称になっているかを確認する。１列目の形が整っていないと、後になって修正することはできないため、しっかりチェックし、必要に応じて形を整える。

13 左側の２列目を挿す

１列目の前に２列目のキンギョソウを挿し、花材同士の隙間を埋めていく。１本目は１列目の始点と２本目の間に、２本目は１列目の２本目と３本目の間に挿し、高さはそれぞれ１列目と合わせる。以降、左端の終点手前まで同様に挿す。

14 右側の２列目を挿す

［13］と同様、右側にも２列目を挿す。

15 ２列目を挿し終えた状態

花材同士の隙間が空いていると、葬儀会場でライトが当たった際に後ろが透けてしまう。そのため、祭壇では花材の葉を取らないのが基本。透けないようにわざわざ葉物を加えると、コストも手間も余計にかかることになる。作業時間や原価を考え、なるべく少ない本数で作るよう心掛けることが大切。

POINT

注意したいポイント

列と列の間に一定の空間を作る

１列目と２列目の間は、指が入る程度の空間を空けることで、前後のボリューム感と立体感を演出しています。ただし、ボリュームを出そうとして花材を後ろに傾けると、バランスが悪くなり、倒れやすくなってしまうため避けるようにします。

16 3列目を均等に挿す

3列目に白のカーネーションを4本挿す。花が前を向くよう、やや前方に傾ける。この後、さらに列数が増えるため、花材はなるべくフローラルフォームの奥側に挿し、フローラルフォーム前方のスペースを空けておく。キンギョソウの花の下端よりも、やや上にカーネーションの花の上端を合わせ、キンギョソウの茎を隠す。

17 4列目も均等に挿す

同様に、4列目は3本挿す。カーネーションは一つひとつの花が大きくて目立つため、等間隔に挿すようにする。3列目に4本入れたら、4列目の1本目は、3列目の1本目と2本目の間に入れ、計3本にする。

18 同様に、5列目を挿す

同様に、5列目にカーネーションを3本挿す。

POINT

注意したいポイント

面で揃えることが重要

ボリューム感を出そうとすると、下段になるにつれて花材が前面に出て、最終列の花材が飛び出してしまいます。下段に向かうほど抑え気味に挿すようにすると、横から見たときに、１列目から最下段までの面が揃い、美しい仕上がりになります。

19 左側の３列目を測り、右側に同じ高さで挿す

左側の始点のカーネーションの高さを測り、左右対称になるよう、右側にもカーネーションを挿していく。

20 高さを測りながら、挿し終えた状態

白のカーネーションを挿し終えた状態。キンギョソウを挿し終えたときと同様、祭壇から数歩下がって中央に立ち、左右対称になっているか確認する。

21　最下段に葉物を挿す

フローラルフォームの前面にレザーファンを挿し、フローラルフォームを隠す。左側は葉先を左に向け、１本目の葉柄と２本目の葉先が重なるよう、左端から挿す。

22　全体に葉物を挿す

右側は葉先を右に向け、１本目の葉柄と２本目の葉先が重なるよう、右端から挿す。

23　遺影の下のスペースを葉物で覆う

中央の遺影の下は、フローラルフォームの前面と上面にレザーファンを挿し、フローラルフォームを隠す。レザーファンで遺影を隠さないように気をつける。

POINT

注意したいポイント

やってはいけない悪い例

葉物を縦向きに挿すと、祭壇全体に対して葉物の割合が大きくなってしまうため、必ず斜め方向に挿しましょう。また中心側から挿すと、手元と先に挿した葉先がぶつかってしまうため、必ず外側から中心に向かって挿すことが大切です。

24 さらに、葉物を加える

ゴッドセフィアナを半分に切り分け、レザーファンの上に重ねて挿す。レザーファンはフローラルフォームや花材の茎を隠すベースとして使うが、ゴッドセフィアナは見せるための葉物として使用している。

25 カーネーションの空間にアルストロメリアを挿す

カーネーションの花と花の間に、アルストロメリアを挿し、隙間を埋める。花の高さ、向きはカーネーションに合わせ、カーネーションよりも前に飛び出さないよう、花の面を揃えるようにする。

26 反対側も同様に挿す

左側が終わったら、右側にも同様にアルストロメリアを挿す。

POINT

注意したいポイント

挿すときのポイント

ゴッドセフィアナは、レザーファンと同様、縦向きに挿すと、祭壇全体に対する葉物の割合が増えてしまいます。長すぎる場合は切り分け、レザーファンの葉のエリア内に挿すようにしましょう。ゴッドセフィアナの代わりに、ナルコユリを使用することもあります。

27　カーネーションと葉物の間に色花を挿す

カーネーションと葉物の間にスターチスを、花の向きを揃えながら挿す。スターチスでカーネーションと葉物のエリアを区切り、花と葉の色が混ざり合わないようにする。

28　遺影の下に、中央からポイント花を挿す

遺影下の一番目立つ部分には、ポイントになる花を入れる。ここでは白のコチョウランを使用した。１本目は遺影の下の中央に、花茎が下に垂れる向きで、遺影写真を隠さない高さに挿し、左右にも１本ずつ挿す。

29　中央に挿し終えて、完成

すべての花材を挿し終えて完成。

CHECK

花色を混ぜずに
エリアで分けるメリット

種類の異なる花を使い、花色を混ぜてアレンジする場合もあるが、この祭壇のように、エリアで花色を分けたり、同じ花色でグルーピングしたりすることも多い。グルーピングして挿すメリットは、遠目から見る際に、違和感がなくまとまり感が演出できること。また、色ごとにまとめて挿す方が、作業時間の短縮にもなる。

STEP 1
PATTERN
B

白を基調とした、
様式を問わないスタイル

左右対称 × 洋花

フローラルフォームのセッティングを変えて、
PATTERN A をボリュームアップ

白を基調とした、様式を問わないスタイル ▶完成サイズ：1間（1.8m）

奥行きとボリュームのある上品でベーシックなスタイル

白を基調にしたベーシックな祭壇は、故人の性別、年齢、宗教、宗派を問わず、もっとも多く注文を受けるスタイルの一つです。製作の手順は変えず、使用花材の種類や色合いを変化させることで、さまざまな雰囲気の祭壇に変えられることも特徴です。

PATTERN A (p.40) と同じスタイルですので、挿し方に大きな違いはありません。異なる点はフローラルフォームを縦置きにしていること。横置きより奥行きを出すことでサイズが大きくなり、ボリューム感を演出することができます。

使用花材

◎花物
キンギョソウ（白）……38本
トルコキキョウ（薄黄緑）……24本
カーネーション（白）……40本
カスミソウ（白）……適量
カトレア（ピンク）……5本
コチョウラン（白）……4本
◎葉物
モンステラ……10本
レザーファン……5本
ゴッドセフィアナ……適量

挿し方

01 | フローラルフォームを縦置きでセッティングする

フローラルフォームを11個縦置きにして並べ、中央後ろに遺影をセットする。1個入りのフローラルフォームではないものを使用する場合は、遺影を中心にして、必ず左右同数になるようにする。

02 | 始点と終点の花材を挿す

キンギョソウは、フローラルフォームに挿したときに、台上から65cmになる高さで切り、遺影の左に真っすぐに挿す。左端のフローラルフォームの縦幅3分の1奥に下がった位置に、終点のキンギョソウを45度左に傾けて挿し、35cmの高さにする。右利きの場合は、挿しにくい左側を先に作り、右側は後を追って、左側をコピーするように挿すと良い。

03 始点と終点の間を等間隔で挿していく

始点と終点の中間にキンギョソウを挿し、さらに始点と中間の間に自然なカーブを描くように高さを調整しながら、均等に３本挿す。始点は、左から４番目のフローラルフォームの左奥、終点は、左端のフローラルフォームの縦幅３分の１奥に下がった位置に配置しているため、その間のキンギョソウは､徐々に前にずらしながら挿し、２本をつなぐ。始点と終点の間にキンギョソウを８本挿し終えたら、左側の外形のラインが完成。

04 左側の高さを測り、右側の始点を設置する

左側始点のキンギョソウの高さを測り、右側にも左側と同じ高さと位置に、キンギョソウを挿す。美しい左右対称にするために、花の付き方、大きさが左側と同じようなものを選ぶようにする。

05 終点・中間点の高さを測り、右側にシンメトリーに挿す

同様に左側の終点、中間点の高さを測り、右側も左側と同じ高さと位置にキンギョソウを挿す。

06 等間隔に挿し終えたところ

右側の始点と中間点の間に３本、中間点と終点の間に４本、均等にキンギョソウを挿す。左右対称の場合は、必ず左右の本数を合わせる。左右の１列目を挿し終えたら、祭壇の中央から数歩下がって中央に立ち、挿し終えたキンギョソウが左右対称になっているか確認し、必要に応じて微調整する。

07 左側の２列目を挿す

左側１列目の前に、２列目のキンギョソウを挿し、花同士の隙間を埋めていく。１本目は１列目の始点と２本目の間に、２本目は１列目の２本目と３本目の間に挿し、高さはそれぞれ１列目と合わせる。以降、同様に左端の終点手前まで挿す。

08 同様に、右側も挿す

同様に、右側にも２列目を挿し、花同士の隙間を埋めていく。

POINT

注意したいポイント

挿す位置を工夫しながら使用する

この後、さらに花材を挿して列数が増えるため、花材はなるべくフローラルフォームの奥側に挿します。前方に入れるはずの花材や葉物が挿せなくならないよう、フローラルフォーム前方のスペースを空けておきましょう。

□ フローラルフォームを無駄に使うやり方

花材を傾けず、立ててしまうと、フローラルフォームの手前部分に挿さなければならなくなる。

□ フローラルフォームを無駄にしないやり方

花材を前面に傾け、なるべく奥に茎を挿し、フローラルフォームの手前のスペースを空けておく。

09 花材を替えて3列目を挿す

3列目に、白のカーネーションを5本挿す。花が前を向くよう前方に傾けながら、キンギョソウの花の下端よりもやや上に花の上端を合わせ、キンギョソウの葉を隠す。

10 同様にして、4列目を挿す

4列目にも白のカーネーションを5本挿す。4列目の1本目は、3列目の1本目と2本目の間に入れる。列数が増すにつれ、前列よりも前方に傾けて挿す。

11 挿す位置に注意しながら、5・6列目を挿す

同様に、5列目にカーネーションを5本挿す。5列目の1本目は、4列目の1本目の右下に入れる。続けて、同様に6列目も挿す。1本目は、5列目の1本目と2本目の間に入れる。

12　6列目を挿し終えた状態

6列目の4本を挿し終えたところ。この時点で挿し終えたカーネーションの花のボリュームや位置をチェックし、必要に応じて修正しておく。

13　反対側の3列目を挿していく

左側3列目の、始点のカーネーションの高さを測り、左右対称になるよう、右側の3列目にカーネーションを5本挿す。

14　左側の高さを測り、4列目を挿す

同様に、右側4列目にカーネーションを5本挿す。

POINT

注意したいポイント

両手で左右対称を確認する

左右対称になっているかどうか、目視で判断できない場合は、左右の中央に立ち、両手で左右同じ位置の花材を触ります。この方法により、花材の高さ、ボリューム、位置を正確に確認できます。

15　5・6列目を挿す

同様に、右側5列目にカーネーションを5本、6列目に4本挿す。祭壇から数歩下がって中央に立ち、左右対称になっているか確認する。

16　最下段に葉物を挿す

フローラルフォームの前面にモンステラを挿し、フローラルフォームを隠す。左側は葉先を左に向け、1本目の葉柄と2本目の葉先が重なるよう、左端から挿す。右側は葉先を右に向け、1本目の葉柄と2本目の葉先が重なるよう、右端から挿す。モンステラの代わりに、レザーファンを使っても良い。

17　遺影の下の空間に、さらに葉物を加える

中央の遺影の下は、フローラルフォームの前面と上面にレザーファンを挿し、フローラルフォームを隠す。レザーファンで遺影を隠さないように気を付ける。

18 彩りを加えつつ、隙間をなくしていく

ゴッドセフィアナを、半分位の長さに切り分け、レザーファンの上に重ねて挿す。

19 白花同士の隙間に色花を挿していく

カーネーションの花と花の間にトルコキキョウを挿し、隙間を埋める。花の高さ、向きはカーネーションに合わせ、カーネーションよりも前面に飛び出さないように、面を揃える。

POINT

注意したいポイント

1本の乱れが全体を汚く見せる

葉物を縦向きに挿すと、祭壇全体に対して葉物の割合が大きくなってしまう上に葉が下がり、だらしない印象に。必ず斜め方向に挿しましょう。また中心側から挿すと、手元と先に挿した葉先がぶつかってしまうため、必ず外側から中心に向かって挿すことが大切です。

□ 良い挿し方

□ 悪い挿し方

20 左側の高さを測り、4列目を挿す

左側が終わったら、右側にも同様にトルコキキョウを挿す。

21 さらに、全体の隙間を埋めていく

花と花の間や花と葉の間にカスミソウを挿し、隙間を埋める。カスミソウの高さや向きはカーネーションに合わせ、カーネーションやトルコキキョウよりも、前面に飛び出さないようにする。同様に右側も、花と花の間や花と葉の間に、カスミソウを挿し、隙間を埋める。

22 遺影の下に、コチョウランを挿す

遺影下に、ポイント花となるコチョウランを左右対称に４本挿す。１本目は遺影の右下に、花茎が右下に垂れる向きで、遺影写真を隠さない高さに挿す。

23 さらに、中心にカトレアを挿して、完成

コチョウランと交互になるよう、カトレアを５本挿す。

STEP2 伝統的なテクニックを駆使する左右対称型

キクを中心にした
生花祭壇の基礎的デザイン

左右対称のスタイルは、遺影まわりの装花の基本形です。中でも、キクのみで製作する装花は、生花祭壇ではもっとも歴史が深く、さまざまなスタイルが存在する現在も多くのニーズがあります。キクのみの祭壇では、開き方が異なる花で、グラデーションや消えゆくラインを表現します。また、キクは外形のラインを取ったり、白色を濃く強調する際にも重宝する花材です。使用頻度が高く、蕾・三分咲き・五分咲き・開きと、異なる状態のストックを準備しておきましょう。

キクは、お盆時期や真冬などに仕入れ価格が高騰します。キクでなければ表現できない場合は使うしかありませんが、単に面を真っ白に埋めるためであれば、スプレーマムやカーネーションなどで代用できます。状況に応じて代用花材を選ぶ柔軟性を身に付けましょう。

テクニック
01

左右同じ位置に挿す

小さなサイズの遺影まわりと同様、美しい左右対称にするためには、花の開花具合、花材の高さ、挿し位置、挿す角度を左右で正確に合わせることが重要です。

規則的に挿したキクのラインが美しい、左右対称の祭壇。

テクニック
02

均等に挿す

花材を均等に挿し、花一つひとつの存在を際立たせます。１カ所でも花同士を付けて挿すと、点であった花材が線になり、全体のバランスが崩れるので注意。

テクニック
03

花材をうまく活用する

上部から下部、中心から両端に向かい、徐々に開きの小さな花を使用。キクのみでも表情のあるグラデーションを作ることができます。

テクニック
04

花の向きを揃える、またはシンメトリーにする

左右部分に挿す花材は、上部は花を上向き、下に向かうにつれ、正面を向けて挿します。花の向きが１本でも乱れると、その部分が目立つため、向きは必ず揃えます。ポイント花は、遺影を中心にシンメトリーになるよう挿します。

STEP2 PATTERN A

長く受け継がれてきた、左右対称のデザイン

左右対称 × キク

シンプルだからこそ際立つ、
キクで表現するグラデーション

長く受け継がれてきた、左右対称のデザイン ▶完成サイズ：1間（1.8m）

グラデーションの美しさが際立つ
キクのシンプルスタイル

キクは、開き・中開き・蕾など、花の開きによって表情が変わる花材です。その特徴を利用し、開き具合の異なるキクでグラデーションを表現したデザイン祭壇です。華美にならず、厳粛な葬儀式を必要とされている場合に適しています。

キクのみの祭壇は、花材、花色を一種類に絞っているがゆえに、花の大きさ、高さ、向き、花同士の間隔が１本でも乱れると、非常に目立ってしまいます。ごまかしが利かないスタイルですので、製作時における、瞬時の花材選びが特に重要だといえるでしょう。

使用花材

◎花物
キク（白）……95本
◎葉物
レザーファン……適量

挿し方

01 遺影とフローラルフォームをセッティングする

遺影まわりにボリュームを持たせるため、フローラルフォームを縦置きにして11個並べる。中心のフローラルフォームの後ろに、遺影をセットする。

02 60cmの高さで遺影脇に挿す

１本目に挿すキクは、フローラルフォームに挿したときに、台上から60cmになる高さで切る。茎を回し、正面から見た際、花が左方向に傾く向きにして、遺影の左に真っすぐに挿す。挿す位置は、左から４番目のフローラルフォームの右奥に。

03 終点となる２本目を挿す

左端のフローラルフォームの縦幅３分の１奥に下がった角に、終点のキクを 45 度左に傾けて挿し、25cm の高さにする。

04 中間を挿し、隙間を埋めていく

始点と終点の中間に、キクをやや傾けて挿す。キクの茎を回しながら、花が終点方向に傾く向きにする。さらに始点と中間の間に、等間隔になるよう、キクを２本挿す。

05 中間点と終点の間を埋めていく

中間と終点の間に、等間隔になるようにキクを２本挿し、計７本で、左側１列目の外形のラインを完成させる。キクの開きが小さい場合は、間に挿す本数を増やしても良い。

06 右側も同様に、シンメトリーに配置

右側の遺影脇にも、左側の始点と同じ高さ、同じ位置にキクを挿す。茎を回しながら、正面から見たときに、花が終点の右方向に傾く向きにして、遺影の脇に真っすぐに挿す。

07 花にかぶる葉を落としながら挿していく

左の終点と中間点の高さを測り、[03 ～ 04] 同様に隙間を埋めるようにして挿し、右側の外形のラインを完成させる。外形のラインを美しく見せるためには、キクを等間隔に挿し、花弁の側面の、真っ白な線でつなぐ必要がある。葉で花の側面が隠れる場合は余計な葉を落とし、白のラインを際立たせるようにする。遺影の左側は､葉を落としたもの。右側は落とさないままで挿したもの。

08 隙間を埋めるようにして、2列目を挿す

2列目は、1列目の花と花の隙間を埋めるように計6本を挿し、しっかりと外形のラインを強調する。

09 両側の2列目を挿し終えた状態

左右ともに2列目を挿し終えたところ。1列目で隙間を空けずにキクを挿して外形のラインを出し、列数を減らす方法もあるが、列数が減ると立体感に欠けてしまう。等間隔を空けて列数を増やすことで、同じ本数でも奥行き、ボリューム感を出すことができる。

10 ｜ ２列目の隙間を埋めるように、３列目を挿す

２列目の花と花の隙間を埋めるようにして、３列目を挿す。３列目からは、花の顔を見せるように少しずつ前面に傾け、角度をつけながら挿していく。

11 ｜ ３列目を挿し終えたところ

３列目、計６本を挿し終えたところ。キクは高さを徐々に低くし、茎の露出した前面を埋めていく。下と端に向かうにつれて、開き→中開き→蕾へと、徐々に花のサイズを小さくし、立体感を演出する。

12 ｜ 同様に、４列目を挿していく

同様に４列目を挿していく。列数が増えるにつれて、徐々に花のサイズが小さくなっているのが分かる。

13 ｜ 同様に、５列目を挿していく

５列目を挿し終えたところ。横に並ぶ２本の花と、２本の間に挿した下段の花を結んだ線が、二等辺三角形に見えるように形作る。また、列数が増えるごとに、奥から手前に向けて傾けて挿していく。

14 同様に、6列目を挿していく

６列目の始点には中開き、終点では蕾を使用している。斜め横から見ると、外形のラインが緩やかに弧を描いているのが分かる。

15 ７列目を等間隔の位置に挿す

７列目は６列目と同じように、中開き→蕾まで、徐々に小さい花を使用し、奥から手前に向けてさらに傾けて挿していく。

POINT

注意したいポイント

シンプルなスタイルだからこそ常に等間隔を意識して美しく挿す

写真は６列目と７列目の間を広めに空け、７列目の終点を抜いたもの。列同士の間隔を空けすぎると、散漫な印象になります。特にキクの祭壇は、１本１本の花が目立つため、間隔を常に意識しましょう。完成後に間隔を調整したり、隙間を埋めたりする作業を避けるため、花は必ず等間隔に挿します。

16 | 同様に、8列目を挿していく

7列目と同様に8列目を挿す。7列目よりもさらに手前に傾けて挿すようにする。

17 | 同様に、9列目を挿していく

8列目と同様に、9列目を挿す。9列目は終点の1本を挿さずにスペースを空けておく。

18 | 同様に、10列目を挿していく

10列目は5本挿す。バランスを見ながら、各列の終点と10列目の5本目の間に蕾のキクⒶを挿し、下部のラインをつなげる。

19 | 左側がすべて挿し終わった状態

左側を挿し終えたところ。左側で使用したキクは、50本程度になる。

20 右側も同様に、3列目を挿していく

3列目は、1～2列目の外形のラインに沿って、2列目の花と花の間に挿していく。

21 続けて4、5列目を挿す

4、5列目も同様に挿していく。左側とシンメトリーになるよう、挿す位置、高さを合わせながら挿していく。

22 さらに列を挿して、右側を終える

下方向と、右端に向かうにつれて、少しずつ蕾を使い、立体感を演出する。左右で花の開き具合が異なるだけで、左右対称に見えなくなり、全体の見た目が崩れてしまうため注意する。

23 遺影の下部分に等間隔にキクを挿す

遺影下にキクを挿し、左右の9列目と10列目をそれぞれつなげる。10列目は中心が少し開きかけた蕾、左右両端の終点は蕾になる。

24 最下段に葉物を挿して装飾する

フローラルフォームの前面にレザーファンを挿し、キクの茎とフローラルフォームを隠す。

25 すべての花材を挿し終えて、完成

左右側とも、レザーファンを挿し終えたら完成。遺影がキクに埋もれてしまっているように見える場合は、写真台の高さを調節する。

CHECK

真横から見ても、段々と美しく

横から見たところ。平面的にならないよう、外形ラインにやや丸みを付け、ボリューム感を出すようにする。最上段は、花が真横を向いているが、下段に向かうにつれて、徐々に正面を向いてきている。

臨機応変に花材を替えて製作できる左右対称

左右対称 × スプレーマム× 洋花

季節を問わず、一年中入手可能な花材で、
可憐に仕上げる

臨機応変に花材を替えて製作できる左右対称 ▸完成サイズ：1間（1.8m）

季節を問わず手に入る花材で
デザインやイメージを変えずに製作する

p.56「白を基調とした、様式を問わないスタイル」と同様の挿し方で製作しています。外形のラインは、キンギョソウやデルフィニウム、ストックなど、背の高い「線の花」を使いますが、春先や真夏など花材が少ない時期は、通年において流通しているスプレーマムが重宝。葬儀式会場では、会葬者は遺影を遠目から見るため、外形のラインがキンギョソウからスプレーマムに替わっても、全体的な見た目は変わりません。スプレーマムを使う際は、開花しているものを使うことが大切。蕾が多いと花色が薄くなり、挿す列数を増やす必要性が出てしまいます。

使用花材

◎花物
スプレーマム（白）……52本
カーネーション（白）……28本
トルコキキョウ（薄黄緑）……15本
カスミソウ（白）……適量
カトレア（ピンク）……5本
コチョウラン（白）……4本
◎葉物
モンステラ……適量
レザーファン……適量
ゴッドセフィアナ……適量

挿し方

01 フローラルフォームを縦置きでセッティングする

フローラルフォームを11個縦置きにして並べ、中央後ろに遺影をセットする。1個入りのフローラルフォームでないものを使用する場合は、遺影を中心にして、必ず左右同数になるようにする。

02 左側の始点と終点となる2本を挿す

スプレーマムは、フローラルフォームに挿したときに、台上から約60cmになる高さで切り、遺影の左に真っすぐに挿す。挿す位置は、左から4番目のフローラルフォームの右奥。左端のフローラルフォームの縦幅3分の1奥に下がった位置に、終点のスプレーマムを左に傾けて挿し、台上から花の先端まで、25cmの高さにする。

03 始点と中間点の間に２本挿す

始点と終点の間にスプレーマムを挿し、中間点とする。さらに始点と中間点の間に、自然なカーブを描くように高さを調整しながら、均等に２本挿す。始点は左から４番目のフローラルフォームの左奥、終点は左端のフローラルフォームの縦幅３分の１奥に下がった位置に配置しているため、その間のスプレーマムは、徐々に前にずらしながら挿して２本をつなぐ。

04 終点までの空間に、均等に挿していく

中間と終点の間に、スプレーマムを均等に２本挿して始点と終点をつなぎ、左側の外形のラインを完成させる。右利きの場合は、挿しにくい左側を先に作り、右側は後を追って、左側をコピーするように挿すと良い。

05 同様に、反対側へシンメトリーに挿す

定規、または右側に挿すスプレーマムを使って、左側の始点と終点の高さを測り、右側の始点と終点にそれぞれに挿す。以降、［03 ～ 04］と同様に挿し、右側の外形のラインを完成させる。左右対称の場合は、必ず左右の本数を合わせ、花の付き方、大きさが左側と同じようなものを選ぶようにする。左右の１列目を挿し終えたところで、祭壇の中央から数歩下がって中央に立ち、左右対称になっているかを確認する。

06 ２列目を挿していく

１列目の前に２列目のスプレーマムを挿し、隙間を埋めていく。スプレーマムは花付きがまばらなため、１列目の花付きの悪いところは、２列目でボリュームのあるスプレーマムを選んで挿す。また、花材の茎の部分に隙間があると、背景が透けて見えてしまうことがあるため、花材の葉は傷んでいるもの以外は、なるべく落とさないようにする。

07 同様に、４列目までを挿し終えた状態

同様に右側の２列目と、左右の３・４列目にスプレーマムを挿す。４列目は蕾が多いものを使い、白の濃淡を演出する。

POINT

注意したいポイント

スプレーマムを挿すときのポイント

キンギョソウやキクの場合、２列挿せば外形のラインが強調できますが、スプレーマムは花付きがまばらなため、２列だけでは線が弱く、ばらついた印象になってしまいます。スプレーマムの場合は３列挿して、白いラインを強調させる必要があります。

08 洋花を挿していく

５列目に白のカーネーションを挿す。花が前を向くよう、やや前方に傾ける。花の先端はスプレーマムの花の下部に合わせ、スプレーマムの茎を隠す。

09 ６・７列目を挿していく

同様に６・７列目にカーネーションを挿す。カーネーションは一つひとつの花が大きくて目立つため、等間隔に入れるようにする。

10 ８列目を挿す

同様に８列目を挿す。花材はなるべくフローラルフォームの奥から、前方に斜めに傾けて挿し、後に挿す花材のためにスペースを残しておく。前面は、花材のためには使わず、葉物を挿すスペースとして残しておく。

11 右側の洋花の１本目を挿す

左側の始点のカーネーションの高さを測り、左右対称になるよう、右側にもカーネーションを４列挿していく。右側を挿し終えたら、カーネーションの花のボリュームや位置をチェックし、必要に応じて修正する。

12 最下段に葉物を挿す

フローラルフォームの前面にモンステラを挿し、カーネーションの茎とフローラルフォームを隠す。左側は葉先を左に向け、１本目と２本目の葉を少し重ねながら、左端から挿す。モンステラの代わりに、レザーファンを使っても良い。

POINT

注意したいポイント

隙間を空けながら、均等に挿すためのコツ

スプレーマムの下に挿す洋花は、隙間を均等に空けて挿さないと、美しく見えません。均等に仕上げるコツは、隣り合う２本の花材と、その２本の間に挿した下段の花を結んだ線が、二等辺三角形になるように挿すこと。１列挿すごとに一歩後ろに下がって見て、バランスの悪い部分があれば、その都度修正しましょう。

13 全体に、葉物を挿し終えた状態

左側を挿し終えたら、右側も同様にモンステラを挿す。葉先は右に向け、1本目と2本目の葉を少し重ねながら、右端から挿す。

14 遺影下のスペースをなくすように、葉物を挿す

モンステラだけでフローラルフォームを隠せなかった部分にレザーファンを挿し、フローラルフォームを隠す。レザーファンで、遺影を隠さないように気をつける。

15 さらに葉物を挿し、隙間をなくす

さらに遺影の下に、ゴッドセフィアナを挿す。ゴッドセフィアナで遺影を隠さないように、適した長さにカットしてから挿す。

16 挿した洋花と洋花との間に、さらに洋花を挿す

カーネーションの花と花の間に、トルコキキョウを挿し、隙間を埋める。花の高さ、向きはカーネーションに合わせ、カーネーションよりも前面に飛び出さないよう面を揃える。

17 反対側も同様に挿す

左側が終わったら、右側にも同様にトルコキキョウを挿す。

18 小花で隙間をなくしていく

花と花の間や花と葉の間にカスミソウを挿し、隙間を埋める。

19 まんべんなく 隙間がなくなるまで挿す

気になる隙間がなくなるまで、カスミソウを挿す。カスミソウの高さや向きはカーネーションに合わせ、カーネーションやトルコキキョウよりも、前面に飛び出さないようにする。

20 右側の隙間もなくす

同様に、右側にもカスミソウを挿す。

21 遺影の下に華やかさを与える

遺影下の一番目立つ部分には、ポイント花のコチョウランを左右対称に4本挿す。さらに、コチョウランと交互になるように、カトレアを5本挿す。

CHECK

決して花の頭を飛び出させてはならない

祭壇は正面から見るため、ポイント花であっても、スプレーマムやカーネーションで作った面から、前面に飛び出させる必要はありません。花材を前面に飛び出させると安定感がなくなり、運搬の際に形が崩れやすくなるため、注意します。

STEP3 左右非対称のデザインへの応用

動きのある左右非対称と
整然とした左右対称２つのスタイル

左右非対称のスタイルは、整然としながらも動きが感じられます。p.96「立ち物と組み合わせた左右非対称」では、右側は白花のラインで遺影写真を包み、スペースを空けた左側に「ポイント花」や「立ち物の花」を配置しています。左右どちらかだけが重い印象にならないよう、ポイント花や立ち物の花の数や配置場所、色合い、高さを考慮し、左右均等に見えるように仕上げるのがポイント。左側のポイント花を外し、右側と同様に挿せば、白花のグラデーションが美しい左右対称の形に変化させられます。

テクニック
01

花材の組み合わせのコツ

白花を密に挿した右側に対し、左側は存在感のあるポイント花と、高さのある洋花でバランスを取ります。祭壇サイズが変化しようと、組み合わせの構成は変える必要ありません。

S字ラインと組み合わせた、左右非対称デザイン。

テクニック
02

グラデーションで魅せる

外形のラインを製作したら、スプレーマムやカーネーションを密集させて真っ白な面にし、蕾の多いスプレーマム、コギクもしくはカスミソウへと替えていきながら、徐々に白色の割合を減らし、グラデーションをつけます。

グラデーションをつける際のポイントは、急激な変化をしないこと。花と花の間隔を急に広くしたり、開きの花から急に蕾に変化させたり、ラインを急にカーブさせるようなことは避けます。徐々に変化させることで、美しいグラデーションになります。

テクニック
03

ラインを描く

キクで外形と内側のラインを描くことで、遺影まわりのフォルムを決めています。基本的に上部には開きを挿して、輪郭をはっきりと出し、下部に進むにつれて花を小さくします。使い方を逆にすると、祭壇全体が弱々しく、ぼんやりとした印象になるので注意しましょう。

テクニック
04

どの場所から見ても美しく

横から見ると、上部から下部に向かい、なだらかな弧を描き、花材の先端が揃っています。面を揃えることは、運搬時の型崩れ防止にもつながります。

STEP 3
PATTERN
A

立ち物と組み合わせた 左右非対称

左右非対称 × キク× 洋花

白花のグラデーションと、ポイント花や立ち物とのバランスが絶妙な
エレガントでトリッキーなスタイル

立ち物と組み合わせた左右非対称 ▸完成サイズ：1間（1.8m）

花のサイズ、高さ、移動方向など細やかで多様な変化が必要なスタイル

左端から遺影の後ろを通り、右側へと流れるキクのラインが、動きを演出する「デザイン祭壇」です。キクの厳かさと、洋花の華やかさがあり、左右非対称のフォルムが印象的です。右側の上部から、キク、スプレーマム、コギクを使い分けることで表現した、白色のグラデーションも特徴のひとつです。

製作のポイントは、右側の遺影まわりの内側のライン。キクは開きから徐々に蕾へと変化させながら、高低差をつけて横方向へ、さらに奥から手前へも移動させていきます。キクを1本挿すだけでも、さまざまなことを意識しなければならないため、やや高度なテクニックが必要です。

使用花材

◎花物
キク（白）……37本
スプレーマム（白）……15本
カーネーション（白）……8本
コギク（白）……15本
キンギョソウ（ピンク）……12本
スターチス（紫）……適量
カトレア（ピンク）……5本
コチョウラン（白）……3本
◎葉物
ナルコユリ……適量
アオドラセナ……適量
レザーファン……適量

挿し方

01 フローラルフォームを縦置きにセッティングする

フローラルフォームを11個縦置きにして並べ、中央後ろに遺影をセットする。

02 遺影の両脇に1本ずつ挿す

遺影を挟んだ両脇に、左右の頂点となる開きのキクを真っすぐに挿す。右側のキクは台上から花先まで60cmの高さにする。左側のキクは、右側から遺影の後ろを通って左側につながっているイメージにするため、55cmの高さにする。

03 左側の終点を設置し、間に均等に挿す

左側は、頂点から緩やかな曲線を描くように、徐々に左側を下げて４本キクを挿す。右側は、右端のフローラルフォームの縦幅の半分奥に下がった角に、キクを右に傾けて仮に挿し、25cm の高さにする。

04 均等に挿し終えた状態

右側の頂点と右端のキクをつなぎ､外形のラインを作る。右端のキクは、フローラルフォームの縦幅の中間に配置しているため、徐々に前にずらしながら挿す。５本目までは花と花の間を均等にし、残りの２本は隙間を空けずに挿す。全体を埋めたら、花と花の間隔や高さを微調整して形を整える。

05 右側の曲線を作る

右端から左側に向かってカーブの方向を変え、終点まで５本キクを挿す。花は開き→中開き→蕾へと変化させ、キクの顔を見せるように少しずつ前面に傾けて挿す。この外形のラインは、キク同士の間隔を詰めれば、１列で製作することも可能。しかし、キク２列で外形のラインを挿すと、キク１列よりも立体的で、ボリュームよく仕上げられるというメリットがある。この基本デザインから派生させて、大きな祭壇を作成する場合では、この製作方法がより効果的になる。

POINT

注意したいポイント

キクのラインを生かす洋花の配置方法

外形は、横方向に移動してラインをつないでいる場合には、２列目を挿すことができますが、徐々に手前に移動する場合は、２列目を加えられません。この場合は、ラインがカーブし始めるポイントから、花材を詰め気味に挿し、花と花の間に隙間ができないようにします。カーブが始まったら、花の顔を見せるように少しずつ前面に傾け、角度をつけながら挿しましょう。

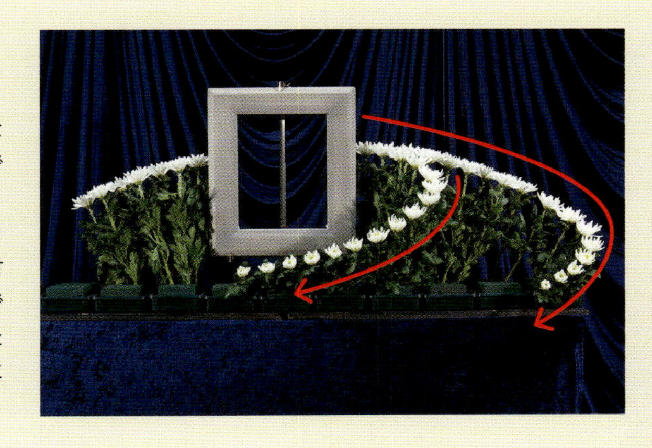

06 左側の外形のライン２列目を挿していく

左側１列目の前に、２列目のキクを３本挿し、花材同士の隙間を埋めていく。

07 右側の内側の曲線のラインを作っていく

右側の１列目の頂点のキクと２本目のキクの間に、２列目の１本目を挿す。５本目（a）までは、先に挿したキクと半分程度重ねながら右にずらし､高さを徐々に下げ、やや右手前に傾けて右カーブさせる。６本目(b)からは、左に方向を変えて挿す。以降、花を開き→中開き→蕾へと、徐々に小さくして高さを下げ（c)、前面に傾けて挿す。15本目を挿し終えた時点で、完全に蕾の状態になるようにする。

a

b

c

08 曲線と曲線の間に、キクを挿す

右側の外形のラインのカーブ手前まで、２列目のキクを挿す。さらに、外と内のラインの間にできたスペースにキクを挿す。キクは葉付きが良いので、葉が密集する部分に挿すキクは葉を落としておく。

09 さらに白花で空間を埋めていく

さらにキク、またはスプレーマムなどで白く埋めていく。開きのキクの在庫が多めにある場合はキクを使用するが、カーネーション、スプレーマムなど、そのときにある在庫の中から、真っ白な花材で代用しても良い。

10 なだらかな斜面を作りながら挿していく

キクからスプレーマムに変えて空間を白く埋めていく。花材が替わっても、見た目には影響はない。なだらかな斜面になるよう、花の高さを合わせながら挿し、面を揃える。

11 グラデーションを作るため、開花が小さい花材に替える

上部から３分の２程度真っ白にしたら、やや隙間を空けながら、蕾の多いスプレーマムを挿し、徐々に白の濃度を薄くしてグラデーションを作る。下部に進むにつれ、花材を斜めに挿して、花の顔を正面に向けていく。

12 白の濃淡でグラデーションを演出する

スプレーマムの下にコギクを挿し、さらに白の濃度を薄くしていく。真っ白なものが徐々に蕾になり、消えていくイメージになる。

13 グラデーションの濃淡が完成

白花のグラデーションが完成。フローラルフォームの前面は、葉物を挿すスペースとして残しておく。

14　左端に立ち物の葉物を挿し、背景を作る

左端部分にはキンギョソウを入れるが、キンギョソウだけでは隙間が空いてしまうので、左端のフローラルフォームにアオドラセナを5本挿す。やや左側に広がりを持たせるように左に傾け、左端が低くなるように高低差を付ける。後方に2本、やや前方に3本挿し、後方だけでなく全体に散らすように挿しておく。

15　葉物の間に、色花を挿す

後方に挿したアオドラセナの手前に、隙間を埋めるようにして、ランダムにキンギョソウを6本挿す。アオドラセナと同様、左端が低くなるようにする。

16　色花を挿し終えた状態

手前に挿したアオドラセナの手前にも、ランダムにキンギョソウを5本挿し、立体感を出す。

17　左側の全体を、葉物で覆い隠す

左側のキクの茎が見える部分と、フローラルフォームの前面にレザーファンを挿し、茎やフローラルフォームを隠す。

18　さらに、右側の下段、遺影脇の空間を葉物で覆う

さらに右側の遺影脇や、右側のフローラルフォームの前面にもレザーファンを挿し、キクの茎やフローラルフォームを隠す。

19　斑入り葉で左側全体の隙間をなくす

見せる葉物として、左側のレザーファンの前にナルコユリを挿す。放射線状に挿すことで、動きを演出する。

20　遺影の下三方に、ポイントとなる花材を挿す

遺影下のもっとも目立つ部分に、ポイント花であるカトレアを３本、遺影を隠さないように低めに挿す。カトレアはそのまま挿すと、花が横向きになってしまうので、専用ピックを曲げてから挿し、花を正面に向ける。

POINT

注意したいポイント

キクのラインを生かす、洋花の配置方法

キクのラインと洋花との間には、一定の間隔を空けて配置しましょう。キクと洋花の配置が近すぎたり、重なったりすると、花と花が混ざり合った印象になり、せっかくのキクのラインの印象が薄くなってしまいます。

21 ｜ 左側の葉物部分に ポイント花を追加する

さらに、ナルコユリを挿した左側スペースにも２本のカトレアを挿す。

22 ｜ 躍動感を出すために、間にランを挿す

左側に挿した３本のカトレアの花と花の間に、コチョウランを３本挿す。

23 ｜ さらに、同系色の花材を挿し、白花を引き立てて完成

隙間が目立つところにスターチスを挿し、隙間を埋める。小花であり、カトレアと同系色で控えめな色合いのため、カトレアを引き立てるも邪魔はしない。

POINT

注意したいポイント

バランスが悪い部分は常に修正していく

ポイント花は目立つため、花が傷んでいたり、配置がずれていたりすると目につきやすいものです。全体を作り終えたところで、配置や向きなど、修正を加え、バランスを整えます。

STEP3
PATTERN
B

グラデーションを取り入れた単色のスタイル

左右対称 × キク× 洋花

キクとコギクを花の開き具合で表現する、
白のグラデーション

グラデーションを取り入れた単色のスタイル ▸完成サイズ：1間（1.8m）

花材や形を変化させ
デザインパターンを広げる

左右非対称のPATTERN A（p.96）の右側部分を生かし、左右対称に仕上げたスタイルです。ひとつのデザインから、左右対称にも非対称にもバリエーションが広げられる例になります。左右非対称と異なる点は、左右対称は手数が増えること。非対称の場合は、左右の形が異なっていてもバランスが取れていれば問題ありません。

しかし、左右対称の場合は、美しいシンメトリーにするために、挿す位置を左右で合わせ、片側の高さを定規で測るなど、手間をかける必要があります。その手間を惜しまず、注意深く作業することが大切です。

使用花材

◎花物
キク……65本
スプレーマム（白）……20本
カーネーション（白）……30本
コギク（白）……30本
カトレア（ピンク）……5本
◎葉物
レザーファン……適量
ゴッドセフィアナ……適量

挿し方

01 PATTERN Aの右側までを使用する

PATTERN Aの左右非対称の途中段階。左側の外形のラインの頂点は、右側よりも低いため、左側に挿した花材はすべて外す。

02 遺影左側に右側頂点と同じ高さの花材を挿す

左右対称にするため、遺影の左脇に右側頂点のキクと同じ高さ、同じ位置に、同じ開き具合のキクを挿す。

03 右側の外側点と同じ高さで、左側の端に外側点を設置する

左端に、右側と同じ高さ、角度で開きのキクを挿す。

04 ラインの外形となるよう、均等に挿していく

左側頂点と左端の間に、外側に傾けてキクを５本挿し、外形の曲線のラインを完成させる。

05 開きから蕾までを使用して曲線を作る

左端から終点までは、キクを少しずつ内側と前面に向けながら挿す。同時に、徐々に開き→中開き→蕾と花を小さくし、終点では完全な蕾にする。

06 内側のラインを作る

左側頂点と左隣のキクの間に１本のキクを挿したら、左右対称になるよう、次のキクを挿していく。１本挿したら、数歩後ろに下がって、左右対称になっているかをチェックし、微調整をしながら挿す。

07 遺影の下部分とラインをつなげて挿す

徐々に、開き→中開き→蕾と花を小さくしながら、内側のラインを進め、中央のキクにつなげる。

08 外形のラインの隙間をつなげるように挿していく

外形ラインの２列目はカーブの手前まで挿し、外形ラインの花と花の隙間を埋める。

09 外形と内側のラインの中の空間を埋める

外側と内側のラインの間にできたスペースにスプレーマムやカーネーションを挿して、真っ白に埋める。右側はスプレーマムを多めにしていたが、左側はカーネーションで埋め、中間まで挿したところ。右はスプレーマムとカーネーション、左はカーネーションのみを使っているが、遠目から見ると、その違いはほとんど分からない。ここからスプレーマムに切り替えて、５本程度挿す。

10 蕾の花材で淡い消えゆく印象を演出する

蕾の多いスプレーマムに変え、徐々にグラデーションをつけていく。下段は、コギクに変えてさらにグラデーションをつけ、白が消えていくイメージにする。

11 左側の遺影の脇と、最下段に葉物を挿す

右側と同じように、左側のフローラルフォームの前面と遺影脇のキクの茎の前にレザーファンを挿し、フローラルフォームやキクの茎を隠す。

12 遺影の下部分に明るい葉色でラインを引き立てる

遺影下の内側のラインに沿って、ゴッドセフィアナを挿す。

13 さらに、豪華な色花で艶やかな印象にして完成

遺影下の内側のラインに沿って、ポイント花のカトレアを５本、遺影を隠さない高さに抑えて挿す。コチョウランのような、花茎の長い花を挿すと、前面のキクにかぶってしまうので、ここではカトレアのみを使う。

STEP4　立ち物とアレンジメントでデザイン性を広げる

花材のフォルムと非対称の配置法で自由さを感じさせるデザイン

これまで紹介してきた遺影まわりデザインと、このアレンジデザインとの違いは、面や高さ、花の挿し位置を揃える必要がなく、自然さを感じさせるように仕上げる点です。

近年増えつつある、「自由葬や無宗教の葬儀に対応できる、新しいスタイル」といっても良いでしょう。花物はグルーピングして挿し、自生地を再現させたような雰囲気にします。全体的に大きな花を使っているので、花が小さすぎる花物を入れてもあまり映えません。

テクニック
01

左右非対称のアレンジ

自然さを出すため、花材の高さや挿し位置は揃えず左右非対称にします。大型の場合は、両脇に季節の枝物を飾ると、より自然な雰囲気に。

白とグリーンを基調に、シンビジウムやコチョウランをふんだんに使い、ゴージャスに仕上げている。

テクニック
02

立ち物で動きを出す

上部には立ち物の花や季節の枝物など、線の花材を挿し、高さとシャープさを演出。故人の好みの花も取り入れましょう。

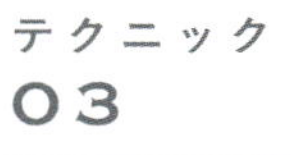

テクニック
03

下垂させて自然さを演出

コデマリやオンシジウム、つる性の葉物など下垂する花材は、自然さを演出してくれます。両脇や下部に挿すことで、広がり感も出ます。

テクニック
04

線と球の組み合わせ術

上部に線の花や立ち物、中心から下部にかけてはアジサイを挿し、「線」と「球」という形状の違いでコントラストをつけています。白やグリーンの淡い色合いの組み合わせでも、メリハリがつきます。

STEP4
PATTERN
A

さまざまな洋花を使った、自然風アレンジメント祭壇

アレンジメント× 洋花

野に咲く花々の姿を切り取ったような
自然さ溢れるアレンジメント祭壇

さまざまな洋花を使った、自然風アレンジメント祭壇

▶ 完成サイズ：1間（1.8m）

自然で自由な雰囲気漂う
スタイリッシュなアレンジスタイル

白とグリーンを基調にし、宗教、宗派、男女を問わず、近年人気が高いスタイルです。フラワーアレンジメントの要素を取り込んでいるため、厳粛さを感じさせるキクの祭壇とは異なり、柔らかさや自然さを演出したいときに適しています。花材は自生しているかのように、グルーピングして、左右非対称に仕上げます。全体的なバランスは取りますが、左右の花材の挿し位置を気にする必要はありません。花材さえ決まっていれば、スピーディーに製作可能。10分程度で仕上げることを目標にしましょう。

使用花材

◎花物
ビバーナム・スノーボール（黄緑）……15本
カラー（白）……10本
アジサイ（白・緑・ピンク）……9本
ダリア（白）……7本
アンスリウム……5本
キンギョソウ（白）……12本
アスチルベ（白）……5本
ヒペリカム（緑）……適量
ユリ（白）……8本

◎葉物
オクラレルカ……10本
モンステラ……適量
アオドラセナ……適量
ドラセナ・サンデリアーナ……適量
ハラン……5枚
ナルコユリ……適量
リキュウソウ……適量
レザーファン……適量

挿し方

01 フローラルフォームをセッティングする

フローラルフォームを11個縦置きにして並べ、中央後ろに遺影をセットする。1個入りのフローラルフォームではないものを使用する場合は、遺影を中心にして、必ず左右同数になるようにする。

02 両側に、それぞれ異なる葉物を挿す

右側のフローラルフォームの前面にモンステラを挿し、フローラルフォームを隠す。自然風の祭壇にするため、葉の向きをややランダムにし、自生している植物のように、グルーピングして挿す。さらに、左端にはハランを挿す。左右非対称のため、先に葉物を挿し、バランスを取る。

03 左側の葉物の脇に、葉形が異なる葉を挿す

左側前面の残りのスペースに、モンステラを２本挿す。中心には別の葉物を入れるため、スペースを空けておく。

04 遺影の下部分に、さらに葉物を挿す

遺影の下にナルコユリを挿す。フローラルフォームが露出してしまう場合は、レザーファンを挿して隠す。

05 背景を作っていく

立ち物の葉物を挿す。右から２番目のフローラルフォームの中央から奥側に、70cm の高さでオクラレルカを真っすぐに挿す。

06 左側も同様に、立ち物の葉物を配置

左から３番目のフローラルフォームの中央から奥側に、オクラレルカを挿す。高さは右側と同じだが、左右非対称の位置に挿すことで自然さが演出できる。

07 | 葉物を束になるように挿していく

右から4番目のフローラルフォームの遺影脇と、左端のフローラルフォームの2カ所に、オクラレルカをグルーピングして挿す。挿す位置は、フローラルフォームの中央から奥側で、［05 ～ 06］で挿したオクラレルカと同じ高さにする。

08 | 丸い葉の上に、細長い葉形の葉物を加える

オクラレルカの脇に、斑入り葉のアオドラセナを挿す。オクラレルカと同様に、フローラルフォームの奥から中心にかけて挿し、自然さと奥行き感を演出する。

09 | 4カ所に斑入り葉を挿す

オクラレルカやアオドラセナの手前に、ドラセナ・サンデリアーナを、遺影の前にナルコユリを挿す。ドラセナ・サンデリアーナは奥側をやや高めに。手前になるにつれて、前面に倒して挿して低めにする。ナルコユリは葉が前面に垂れ下がって見えるように挿す。

POINT

注意したいポイント

立ち物の挿し方について

立ち物の葉物は見せる目的で使うため、オクラレルカのような、高さのあるものを使います。グルーピングして挿すことで存在感を出しますが、1カ所にまとめて挿すのではなく、フローラルフォームの中央から奥まで分けて挿し、奥行き感を演出します。

POINT

注意したいポイント

立ち物の花の背景に重宝する
高さのある葉物の役割

オクラレルカのように、高さを出す葉物は、基本的にフローラルフォームの奥に挿します。そばに立ち物の花や空間を埋める大きな花を加えることが多いため、挿す際は、必ず花のスペースを残しておきます。万一、花の水が下がり、取り除かなければならない場合も立ち物の葉物が挿してあれば、空間が空いてしまうことはなく、全体の印象を変えることもありません。

10 左右側にバランス良く
カラーを挿す

ポイント花のカラーをグルーピングし、遺影の左側に5本挿す。高さや花の向きを変えて、自然な雰囲気にする。同様に、右側にも5本挿すが、左右対称にならないよう、左よりも外側に配置し、やや大きめの範囲でグルーピングする。また、左側よりも全体的に低めにして、左右のバランスを取る。

11　花の形が異なるものを加える

ユリをグルーピングして、左右に挿す。左側はカラーの左に、カラーよりもやや低めに挿す。右側はカラーの左手前に、左のユリよりもさらに低めに挿す。蕾のユリは奥側に、開花したユリをなるべく手前に挿す。

12　右側に白花を加える

カラー、ユリと大きめの花が続いたため、右端に線状の花を挿す。ここではキンギョソウを使用している。

13　さらに、加えて厚みを出す

全体のバランスを見て、さらにキンギョソウを加える。右端に向かって扇形に広がるように、端側は短めにカットし、外側に角度をつけて挿す。

POINT

注意したいポイント

挿す位置を工夫しながら使用する

アジサイやカラー、キンギョソウ、ユリなどの主な花材や葉物は、グルーピングして挿しています。グルーピングして挿すことで、花の存在を強調でき、自生しているような自然な雰囲気が作れます。グルーピングせずに、花材を全体にちりばめると、まとまりがなく、どんな花材が使われているか見えにくくなります。まとめて挿す場合は、偶数よりも３本、５本、７本など、奇数の方がバランスが取りやすいでしょう。

14 | 左側に白花を加える

左側のカラーとユリの間に、キンギョソウを３、４本挿す。高さはそれぞれランダムで構わないが、中心から左端に向かうにつれて、全体的なラインが緩やかな左下がりになるようにし、カラーとユリの中間の高さで挿す。

15 | 大きな球形の花で インパクトを出す

左前面に、アジサイを３本挿す。横並びにならないよう、高低差をつける。大きな円形の花で、高さのあるポイント花や線状の花とコントラストをつける。

16 高低差をつけながら、挿していく

同様に、中心から右側にかけてアジサイを挿す。アジサイは３色の花色を使用し、左側はピンクと緑、右は白でグルーピングしている。

17 空間に、小さな球形の花材で引き立てる

アジサイの花と花の間に、ダリアを挿す。ダリアは花が上を向いて咲くため、角度をつけて斜めに挿し、花を正面に向ける。

18 左端に、さらに異なる球形の花材を挿して引き締める

左端にビバーナム・スノーボールを挿す。ダリア同様、空間の引き締め役として使っているが、花のサイズや色の違いによって、コントラストとメリハリがつく。

19 花と花の間にも挿していく

続けて、中心や右側のアジサイのまわりにもビバーナム・スノーボールを挿し、花と花の隙間を埋める。

20 全体の隙間に挿し終えた状態

主な花物を挿し終えた状態。祭壇の中央から数歩下がって中央に立ち、左右の色のバランスや重さのバランスが合っているか、花と花の隙間が埋まっているかどうかをチェックし、微調整をする。

21 遺影の脇などに、繊細な白色の葉物を挿す

左端の後方がやや欠けた印象になっているため、アスチルベを挿す。また、隙間が空いているように見えるところにもアスチルベを挿し、全体的なシルエットを整える。

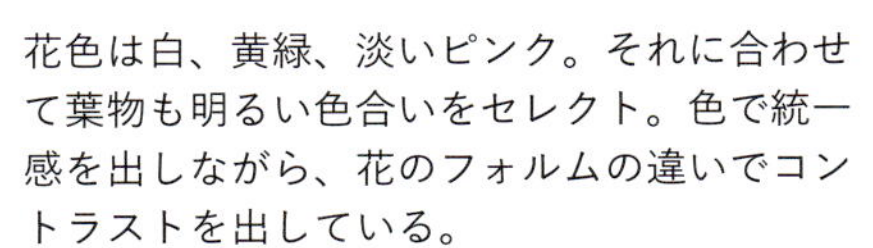
花色は白、黄緑、淡いピンク。それに合わせて葉物も明るい色合いをセレクト。色で統一感を出しながら、花のフォルムの違いでコントラストを出している。

22 中央に丸みのある花を挿し、強調する

遺影下の前面、アジサイの下にアンスリウムを挿す。花の向きはランダムにする。

23 線の印象を加え、幅を持たせる

モンステラの前面、アンスリウムの脇などにリキュウソウを挿す。線が細いため、必ずグルーピングして挿す。

24 より小さい実物を挿していく

前面の葉物の脇を中心に、ヒペリカムを挿す。

POINT

注意したいポイント

水下がりを防ぎ、美しさをキープ

アジサイやビバーナム・スノーボール、ダリアの3種は、水下がりに注意が必要な花材です。水揚げの方法は、それぞれの生花店によってさまざまですが、会場に祭壇を設置した際の、花への霧吹きは忘れずに行いましょう。会場の空調の影響などで、短時間で乾燥することもありますので、注意が必要です。

注意したいポイント

花や実が丸い花材を駆使し、組み合わせる

　この祭壇の特徴は、アジサイ、ダリア、ビバーナム・スノーボール、ヒペリカムなど、丸い花や実を多用していること。基調の色は控えめな印象の白とグリーンですが、丸い素材の大きさの違いでコントラストを出しています。

25 全体的に細部をチェックして完成

すべての花材を挿し終えたら、数歩下がって中央に立ち、花色や葉物のバランス、左右の重さのバランスが合っているか、花と花の隙間が埋まっているかどうかをチェックし、最終調整をする。

STEP4
PATTERN
B

カラフルな色合いの アレンジスタイル

アレンジメント×色花

PATTERN Aの土台を活用し
季節の色花で華やかに仕上げたスタイル

カラフルな色合いのアレンジスタイル ▸完成サイズ：1間（1.8m）

自然でシックなスタイルに 色花で明るさと華やかさを加えて

p.118「さまざまな洋花を使った自然風アレンジメント祭壇」と同様、形を整えすぎず、自然な雰囲気に仕上げた祭壇。左右を非対称にすることで、柔らかさや優しさを表現しています。白基調のアレンジはシックな印象ですが、このアレンジでは青やピンク、黄色など、色花を多用しました。葬儀式の花に、明るさや華やかさを求める地域での装飾に向いているデザインと言えます。色花を選ぶ際は、故人が好きだった花や色合いを加えると良いでしょう。

使用花材

◎花物
デルフィニウム（青）
……大輪・10本
キンギョソウ（白）……16本
キンギョソウ（ピンク）……15本
トルコキキョウ（ピンク）……適量
コデマリ（白）……適量
オンシジウム（黄色）……20本
ユリ（ピンク）……3本
コチョウラン（白）……3本
カトレア（ピンク）……5本

◎葉物
オクラレルカ……10本
ハラン……5枚
モンステラ……適量
アオドラセナ……適量
ドラセナ・サンデリアーナ
……適量
ナルコユリ……適量
レザーファン……適量

挿し方

01 PATTERN Aの土台を活用する

PATTERN Aで製作した［09］を活用して、別バージョンを製作する。

02 右側に立ち物となる、色花をランダムに挿していく

遺影右側のアオドラセナの前に、大輪デルフィニウムをグルーピングして5本挿す。高さは揃えずにランダムに挿し、自然な雰囲気にする。一番高い花材は、両脇に挿したオクラレルカより高くならないようにし、右側に挿す花材を低めにする。

03 左側にも、同様に色花をランダムに挿す

左側も同様に大輪デルフィニウムを挿すが、左右対称にならないよう、左側は遺影のすぐ脇に挿す。

04 両側に立ち物を挿し終えた状態

右側とのバランスを見て、左側に大輪デルフィニウムを増やし、左右ともに5本挿し終えたところ。大輪デルフィニウムの代わりとして、夏であれば、リンドウやデルフィニウム、冬はストックなどを利用。年間通して仕入れられるグラジオラスも適している。

05 遺影の右側脇に、別色の花を組み合わせる

右側の大輪デルフィニウムと遺影の間に、ピンクのキンギョソウをグルーピングして挿す。ピンクは青よりやや低めにする。

06 さらに、左側にアンバランスに挿す

左側のアオドラセナの前に、ピンクのキンギョソウをグルーピングして挿す。[05] で挿した右側のキンギョソウよりも横幅を広めに、高さは低めにし、左右のバランスを取る。

07 | 白い花で色花を際立たせる

白のキンギョソウを右端に挿す。右端に向かって扇形に広がるように、端側は短めにカットし、外側に角度をつけて挿す。

08 | バランスを判断しつつ、ボリュームを加える

左側の大輪デルフィニウムとピンクのキンギョソウの間のやや前面に、白のキンギョソウをグルーピングして挿す。高さは青のデルフィニウムの半分程度にする。[07]で挿した右側のキンギョソウとのバランスを見て、本数を増やす。左右で挿す場所、高さ、本数が異なっていても、祭壇全体を見たときに、左右が同じようなバランスになるように調整する。

POINT

注意したいポイント

非対称のスタイルでバランスを良くする秘訣

左右非対称の祭壇であっても、左右どちらかが多すぎたり、高すぎたりといった印象にしないことが大切です。同じ花材を左右に挿しても、右は横幅を狭くする代わりに高さを出し、左は横幅を出す代わりに高さを抑えるなど、工夫して左右のバランスを取ります。

09 黄色の花で華やかさを加える

左端の奥に、花先が左方向を向くように放射状にオンシジウムを挿し、横幅を出して華やかさを加える。

10 ボリュームを加え、豪華な印象にする

オンシジウムを加えて放射状に挿し、ボリュームを出す。さらに、短めにカットしたオンシジウムを前面に向け、葉の上に垂らすように挿す。

11 反対側にもアクセントとなる位置に配置する

右側の大輪デルフィニウムの前に、オンシジウムを挿す。左側のオンシジウムとバランスを取りながら、モンステラの葉の上に、垂れ下がる角度で放射状に挿す。

POINT

注意したいポイント

色花の使い方と挿し方で、華やかさを演出

オンシジウムの黄色の花色は、とても強い印象があり、グルーピングして放射状に挿すことで、動きに加え、明るさをプラスすることができます。装花に華やかな色合いを求められる場合には、特に有効な花材です。

12 右側に、さらに彩りを加える

ポイント花のカトレアを５本グルーピングし、横並びにならないよう、バランスを見ながら高低差をつけ、オンシジウムの上に挿す。

13 遺影の下に白い花を挿して強調する

遺影の前にコチョウランを３本挿す。花茎は下に垂らし、遺影を隠さない高さにする。３本のうち、中央は長めに挿す。

14 平面的な部分に形が異なる花を挿す

左側の白のキンギョソウの下と、右側のカトレアの右脇に、ユリを２本ずつ挿す。奥に挿したピンクのキンギョソウと色を合わせて統一感を出しながら、花のサイズでコントラストをつける。

POINT

注意したいポイント

専用ピックでユリの花の向きを調整

ユリは個体によって、花首の角度や向きが異なることがあります。前面に花を向かせるために、花茎を短く切り、ピックを使用して飾り付けます。その際、ユリは全開ではなく、中開きを使用しましょう。

15 ユリと同系色の花で 葉物との境を馴染ませる

花と花の隙間がある場所に、ユリと同色のトルコキキョウを挿し、空間を埋める。

16 下段に、さらに動きを加える 枝物を加えて完成

前面のモンステラと、オンシジウム、コチョウランとの間に、コデマリを放射状に挿す。放射状に挿すことで空間が埋まり、使用本数が少なくてもボリューム感を演出できる。

CHAPTER 4

祭壇の製作に不可欠なデザインパーツの基礎技術

METHOD 1

祭壇を完成させる基本のパーツを学ぶ

祭壇の製作は、祭壇のテーマや細かな条件をもとに、
デザインパーツの組み合わせやアレンジを行い、
ひとつの形へと完成させていきます。
ここで紹介する、デザインパーツの製作テクニックはもちろん
諸条件に基づいて製作するための
構成力やデザイン力を培うことが必要です。

祭壇製作に欠かせないデザインパーツのテクニック

祭壇を製作し提供する上で、初めに確認しなければいけないことは、祭壇の形と大きさです。さらに会場の設置条件、予算、テーマ、好きな色や花材、和花中心か、洋花を使うのかなど、葬儀業者と葬家の間で行われた内容の情報をもとに、祭壇自体の傾向をつかみ、詳細なデザインや使用花材を決定します。家づくりに例えるならば、祭壇の形、大きさ、予算、設置条件は土台部分、花材選び、色の決定などは細かな設備や装飾部分と言えるでしょう。

この章で紹介するデザインパーツは、葬家や葬儀業者からの細かなリクエストに応えるために必要となる基本的なスタイルです。これらのデザインの製作方法をマスターし、オリジナルのデザインパーツ作りへと発展させていきましょう。

白木祭壇との相性の良い
左右対称の生花祭壇

葬儀場に備え付けられた２間幅の白木祭壇の上に、ラインデザインの装花を設置した。輿は左右対称に作られているため、生花祭壇も左右対称の場合が多い。遺影は葬儀場備え付けのモニターに映す。前火葬の場合は、遺影やお骨、位牌のスペースも設けることが多い。

METHOD
2

デザインパーツの基本テクニックを知る

このページではデザインパーツの主なパターンから、
使用できる花材や組み合わせ、色使いなどの概要を解説します。
基本的なパーツ製作のノウハウを覚えたら、花材や色、パーツの組み合わせなどにより、
祭壇のデザインパターンを無限に広げることができます。

パーツ製作に伴う、さまざまなテクニック要素

並列 | p.148

キクを真っすぐ等間隔に挿したスタンダードなデザイン。生花祭壇の中ではもっとも古く、花材の選び方、挿し方など、「製作テクニックの基礎中の基礎」といわれています。

「横流し」のライン | p.174

花材を等間隔に挿し、緩やかなラインデザインで構成します。花材で面を埋めず、また奥行きも必要としないため、少ない花材数で製作できます。予算を抑えたいときに有効なスタイル。

ライン | p.198

キクで外形のラインを取り、その内側を白花や色花で埋めてグラデーションを演出するデザイン。組み合わせにより、ハート形や蝶のような形に見せることも可能。生花祭壇に多く取り入れられています。

羽型 | p.224

大きく羽を広げたような左右対称のデザインは、故人の旅立ちを象徴します。羽の形や数、加える洋花の種類や色合いなど、変化がつけやすく、バリエーションでオリジナル性を追求できます。

クロスライン | p.254

左右から延びるラインが中央で交差する、モダンなデザイン。2本のラインのうち、1本に色花を使い、交差する形を強調させます。使用花材本数が多く、ある程度予算がある場合に有効です。

S字ライン | p.276

中央の1点を軸に、片側のデザインを180度回転させたスタイル。必ずしもすべての花材が点対称になっているわけではなく、左右で異なる花色を入れたり、アレンジを加えたりして、変化をつけることがあります。

花材の組み合わせと選び方について

使用できる花とできない花

キクは、開き・中開き・蕾と、開きの違いがあるため表情をつけやすく、祭壇のベースに多用されます。規格が決まっているピンポンマムやスプレーマムで代用することもありますが、基本的にそれ以外のキクは使いません。

花を引き立てる葉物

レザーファンやモンステラは、花茎やフローラルフォームを隠すために使用。ナルコユリやゴッドセフィアナなどは、見せる葉物として使います。明るい斑入り葉を花物に添えることで、花の存在感が増します。

代用花材を組み合わせる構成力

年間を通して、揃えられない花材があります。また、目当ての花材の在庫がないこともあります。キンギョソウがない春はグラジオラス、キクが少ないときはスプレーマムなど、代用できる花材を把握することが重要です。

スプレーマムとピンポンマムについて

スプレーマムとピンポンマムは、開花調節の必要がなく、年間を通して価格が安定しているため、キクの代用として重宝。ピンポンマムはライン取りに、スプレーマムはライン取りのほか、面を埋める際に使用します。

青系の花材について

青系の花材はスプレーデルフィニウム、夏季限定のリンドウなど、使用できる種類は限定されます。近年は白いカーネーションに着色した水を吸わせたり、スプレーで着色したりしたものを使うこともあります。コスト的にもそれほど高価ではありませんので、使用してみても良いでしょう。

カラーグラデーションに適した花材

カラーグラデーションを構成する色花の品種バリエーション

色花でグラデーションをつける場合は、基本的にキクの白に2色の花色を加え、3色で構成します。テーマカラーが青系の場合はスプレーデルフィニウム、もしくは染色されたカーネーションを使って、白→水色→青に。紫系の場合はスターチスかトルコキキョウで白→薄紫→紫、ピンク系はカーネーション、トルコキキョウ、アルストロメリア、スターチスで白→薄ピンク→ピンクなど。青系は花材が限定されてしまいますが、ピンク系は花材が豊富ですので、選択範囲が広く、グラデーションが作りやすいでしょう。黄色系の場合は、カーネーション、トルコキキョウで製作できます。

製作するときの諸条件とは

□ グルーピングして色数を抑える

花材を1カ所に多種使うと挿す手間がかかるだけでなく、花材の判別もできません。花材は各エリアで2品種程度、花色も2色程度に抑えると、祭壇全体を見た際に、花色や品種が明確になり、存在感が出ます。

□ 花の色合いで季節感を演出する

故人の好きだった花や色、香りなど、特別な要望がない場合は、季節の花材を使います。春はパステル調、夏は原色、秋は暖色系で紅葉を表現、冬は寒色系など、花材の色味で、季節感を表現できます。

□ 注目されるポイントに華やかな花を配置

遺影まわりやお骨、位牌まわりなど、会葬者に注目される部分には、コチョウランやカトレアなどのポイント花を配置しましょう。

基礎のパーツをマスターする

基本的の製作方法を覚えられると、より複雑なデザインや
バリエーションデザインまでマスターできます。
１本１本の花材を美しく挿すことから祭壇全体のデザインまで、
マクロな視点とミクロな視点を併せ持って臨みましょう。

STEP1 美しい直線のラインと、「白のグラデーション」を学ぶ

キクの美しさが際立つ 規則性のあるシンプルスタイル

キクを直線的に、規則性を持たせて配置したデザインが、厳かな雰囲気を演出する祭壇です。非常にシンプルな形が美しく、キクの花一つひとつが乱れなく並ぶ光景は壮観です。初心者が取得すべきことは、「花材の選択」と「等間隔に挿すテクニック」。規則性の高いデザインですので、初心者でも直線の並列であれば、毎日練習を繰り返すことで、３カ月から半年程度でマスターできるはずです。

縦横斜めに等間隔で挿す、古典的な「並列」のデザイン。

・並列

・上がり並列

・ボリューム並列（横から）

テクニック
01

仕上げ方によって呼び名が変わる

上段から階段状に高さを下げるスタイルを「並列」、横から見たときに、丸みを帯びた形になるスタイルを「ボリューム並列」と呼びます。さらにボリューム並列の左右両端に膨らみを持たせたデザインは「上がり並列」となります。

・ボリューム並列（正面）

テクニック
02

均等の間隔を正確に覚える

並列デザインを美しく仕上げるには、キクを均等に挿すことが大切。１本でも挿し位置がずれると、その部分だけが目立ってしまうため、揃えて挿すよう心がけましょう。

テクニック
03

グラデーションの変化

グラデーションは花の開き具合で表現。上部は開きで花を上向きに、下部に向かうにつれ、蕾にして高さを抑え、花を正面に向けます。

テクニック
04

縦と横のバランスでサイズを変換

遺影まわりと同様、祭壇のサイズによって、パーツのサイズは変化。横幅が大きくなれば高さも必要になり、フローラルフォームの段数が増えます。

テクニック
05

花を引き立てるアイテム

規則的に挿したキクの下部に、白花と斑入りの葉物を入れ、キクを引き立てます。その際、キクとは一定の空間を空けるようにします。

STEP 1
PATTERN
A

厳かな印象を与える、キクの並列デザイン

左右対称 × キク

開きの異なるキクを規則的に配置した
格式の高さを感じさせるクラシカルなスタイル

厳かな印象を与える、キクの並列デザイン

▶完成サイズ：1間（1.8m）

スタンダードなデザインで
基礎テクニックをマスター

葬儀式に生花祭壇が取り入れられるようになった時代から用いられてきた、スタンダードなデザインです。シンプルで華美ではないものを好み、生真面目で実直で頑固。そんなイメージの男性の葬儀式で使われることが多いのですが、社葬や慰霊祭など、大きな葬儀式にも用いられます。

開きのキクを等間隔で真っすぐに挿すこと、開きから中開き、三分咲き、蕾と、適した花材を瞬時に選択して挿すことなど、生花祭壇を作る上での基礎テクニックがいくつも必要となるため、まずはこの形をマスターしておきたいものです。

使用花材

◎花物
キク（白）……開き・66本
キク（白）……中開き・33本
キク（白）……蕾・33本
カスミソウ（白）……適量
◎葉物
レザーファン……適量

挿し方

01 フローラルフォームを
縦置きでセッティングする

フローラルフォームを11個、縦置きにして並べる。

02 左端に高さ60cmで
始点を設置する

左端のフローラルフォームの左奥に、始点となる開きのキクを真っすぐに挿し、台上から花の先端まで60cmの高さにする。始点のキクで、次に挿すキクの高さを測る。常に正確な高さを割り出すため、測る場合は必ず決まった1本で統一する。

03 中心点と終点を設置し、等間隔に挿す

［02］で高さを測ったキクを、中央のフローラルフォームの中央奥に挿す。さらにもう１本の高さを測り、右端のフローラルフォームの右奥に挿す。この３本が直線ラインを作るためのガイドとなる。

04 中心点と同じ高さで、両脇に挿してガイドとする

左端・中心・右端の３本だけではガイドが少ないため、さらに左から４番目と右から４番目のフローラルフォームの中央奥に、ガイドと同じ高さのキクを挿す。２本を加え、この程度ガイドを増やすことで、この後に挿すキクの高さは、極端に変わることはない。ガイドを挿す作業が多いと時間はかかるが、高さが揃った美しい祭壇に仕上がる。

05 左端とガイドの花の間を等間隔で挿す

左端のキクと［04］で挿したキクの間に、４本キクを挿す。左端のフローラルフォームには左奥と右奥に１本ずつ、２番目は中央奥に１本、３番目は左端と同様に２本と、続けて挿し、キクを等間隔に並べる。

POINT

注意したいポイント

形が崩れる原因となる悪い例

キクの花にかぶった葉を取らないと、花首が隠れて美しい仕上がりになりません。不要な葉を取ることで、花のフォルムが見えるようになり、真っすぐの外形ラインが強調されます。花を隠す葉はその都度取りましょう。

また花首が曲がったキクを使うと、花の顔が正面を向いてしまい、ラインが揃わず形が乱れる原因に。茎を回し、花の裏面が見える向きで挿すと、揃った印象になります。

06 同様に、右側も挿す

右側も同様に、右端のキクと［04］で挿したキクの間に、4本挿す。

07 高さを揃えて、1列目を挿し終える

高さを測ったキク同士の間を埋めるように残りのキクを挿し、1列目を完成させる。高さや花の向き、列が乱れていないかなどをチェックし、微調整する。

注意したいポイント

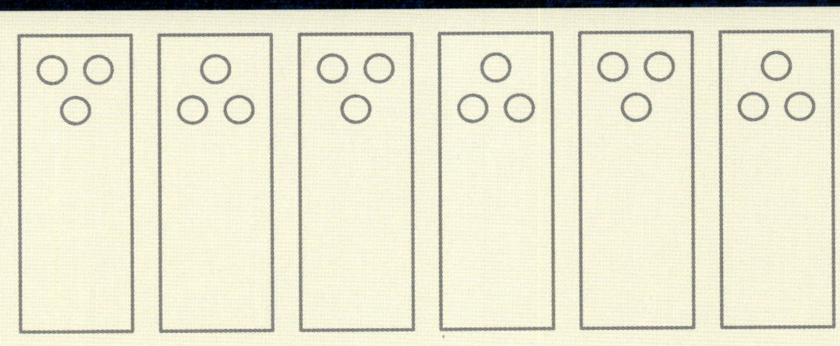

真っすぐ挿すと乱れる列の流れ

一定の間隔を空けた直線のラインを作る場合、1列目は左端のフローラルフォームの左奥と右奥に1本ずつ、2番目のフローラルフォームには中央奥に1本、3番目には左奥と右奥に1本ずつ……と順に挿していきます。それぞれのフローラルフォームの間には隙間があるため、キクを真っすぐに挿し進めてしまうと、花同士の隙間が等間隔にはなりません。そのため、フローラルフォームに2本挿す場合のキクは、あえて茎が曲がったものを使い、花と花首が真っすぐに見えて、花同士が等間隔になるように、挿す角度を調整します。

08 | 2列目を、1列目の花と花の間に挿していく

1列目の前に、2列目の開きのキクを挿す。1本目は1列目の始点と2本目の間、2本目は1列目の2本目と3本目の間に、花の側面が見える角度で挿し、高さは1列目と合わせる。1列目の花と2列目の花の間は、指1本分が入るスペースを空ける。

09 | 2列目を挿し終えた状態

以降、同様に右端まで挿して2列目を完成させる。

POINT

注意したいポイント

挿し方の良し悪しと工夫

フローラルフォームの奥行き約25cmの中で、9列分の花材を挿しきるには、花材をなるべく奥側に挿し、後で挿す花材のためのスペースを残す必要があります。全列挿し終える前に、挿すスペースがなくならないよう、列と列の間に適切な隙間を開け、花材に角度をつけながら挿しましょう。

2列目からはできるだけ奥側に挿す。2列目は1cmほどしか手前に出ていない。

・良い挿し方

列数が増えるごとに、徐々に角度をつけて花材を挿していくと、挿し位置が奥側になり、残りの列も余裕を持って挿すことができる。

・悪い挿し方

花材を真っすぐに挿すと、必然的に挿し位置が左の写真よりも手前になり、後に必要な列数を挿すスペースがなくなってしまう。

・隙間を開けて挿す

列と列の間は、指が入る程度の隙間を空ける。隙間が一定でないと、列がガタガタと乱れてしまうので注意する。

10　3～9列目を数本ずつ挿していき、ガイドにする

3列目は開きのキク4本を、フローラルフォーム2.5個分の幅だけ挿す。残りの4～9列目も同様に挿す。列数が増えるにつれて、角度を付けながら前列のキクとキクの間に挿し、花は徐々に中開きにしていく。3列目までは花の裏を正面にするが、4列目からは少しずつ花の顔を見せるようにするため、花の開きは中開きにしていく。5列目で花の向きを変え、花の顔を正面にして挿し始める。

11 | ９列目を挿し終えた左端部分

７列目から最後の９列目で、三分咲き→蕾にしていく。７列目くらいから、奥に押し込むように深く挿す。

12 | 左側をガイドにして、同じ高さ、向きで右側の列を挿す

左側のガイドに合わせ、４列目の残り部分を挿す。祭壇のサイズが大きくなればなるほど、高さや向きにずれが生じる。ずれを避けるためには必ずガイドを設置し、それに合わせて１列ずつ挿していくようにする。

13 同様に、次の列を挿す

同様に5列目を挿す。初めに一部の幅だけを最後の9列目まで挿しておくのは、残りの部分のガイドラインにするため。左端から右端まで1列ずつ作っていく方法では、終盤で修正が必要になった場合の挿し直し作業が大がかりになってしまう。一部の幅だけの分なら、もし修正が必要でも作業量が少なくて済む。あらかじめガイドを作っておけば、祭壇の幅が広くなった場合に、同時に数人での作業も可能になる。

14 7列目までを挿し終えた状態

同様に6・7列目を挿す。7列目あたりから角度の勾配をきつくし、下部が前方向に出すぎないよう、奥に押し込んで深く挿し、ボリュームを抑える。

15 同様に、すべての列を挿す

残りの8・9列目を挿す。9列目で完全な蕾を使用する。最後の2・3列は高さを抑え、花材が前面に出すぎないようにすることが大切。前面に花材が出てしまうと、祭壇の形に締まりがなくなってしまい、また運搬の際に形が崩れやすくなる。

16 直線部分をすべて挿し終えた状態

それぞれの列の高さや花の向き、列が直線になっているかをチェックし、微調整する。隣り合う花同士を結んだ線が常に二等辺三角形になるように挿すと、完成の際、縦、横、斜めのラインを結んだときにすべてが直線になり、乱れのない美しい祭壇に仕上がる。

POINT 注意したいポイント

花の開きの違いを活用し、美しさを作る

この祭壇は、上段の開きから下段の蕾まで、キクの花の開き具合でグラデーションをつけて表情を与えています。開きのキクの在庫が多い場合は、開きの列を多くしても良いですが、すべて開きにしてしまうと、単調な印象になります。また花びらが落ちやすいため、メンテナンスが必要になる場合も。キクの在庫が足りない場合は、上部2列をスプレーマムで代用することも可能です。

小花の挿し方で美しさが決まる

祭壇は遠目から見るものですので、キクと小花、それぞれのエリアの区切りが曖昧になると、散漫な印象になり、せっかく揃えて挿したキクの見栄えが悪くなります。カスミソウはキクから距離をとってまとめて挿し、キクの葉の緑色を区切りに利用します。

・良い挿し方

・悪い挿し方

17 葉物と小花をバランス良く挿し終えて完成

フローラルフォームの前面にレザーファンを挿し、フローラルフォームを隠す。左端から葉先を左にして中央まで挿す。次に右端から葉先を右にして、中央に向かって挿す。その後、最下段のキクとレザーファンの間に、カスミソウを挿す。一度全体的に挿してから、足りない部分に加え、微調整する。

左右両側を製作した場合のイメージ

横幅が４間以上になった場合は、この高さでは間延びした印象になるため、フローラルフォームの段数を増やします。横幅に応じて縦方向のキクを10列以上に増やし、縦と横のバランスを取りましょう。

STEP 1
PATTERN
B

PATTERN Aに曲線を組み合わせた「上がり並列」

左右対称 × キク

ゆったりとしたカーブで、並列デザインに動きをプラス

PATTERN Aに曲線を組み合わせた「上がり並列」

▶ 完成サイズ：1間（1.8m）

緩やかなカーブが美しい ラインデザインの応用スタイル

基本であるp.148「厳かな印象を与える、キクの並列デザイン」を応用したスタイルです。基本を「ボリューム並列」と呼ぶのに対し、祭壇完成時に中心が低くなり、左右両端に向かってせり上がるため「上がり並列」と呼んでいます。「ボリューム並列」と同様に規則性のある形をしていますが、デザイン性が強調されているため、仕上がりのイメージは大きく異なります。テクニック的には「ボリューム並列」よりも、こちらの方がやや上級で、自然で緩やかな高低差のつけ方、列数の減らし方がポイントです。

使用花材

◎花物
キク（白）……開き・77本
キク（白）……中開き・15本
キク（白）……蕾・10本
デンファレ（白）……20本
◎葉物
レザーファン……適量
ゴッドセフィアナ……適量

挿し方

01 フローラルフォームをセッティングし、右端に始点を挿す

フローラルフォームを11個、縦置きにして並べる。右端のフローラルフォームの右奥に、始点となる開きのキクを真っすぐに挿し、台上から花の先端まで40cmの高さにする。

02 左側に頂点を挿し、右側の始点から3本挿す

始点の左に、同じ高さのキクを3本等間隔に挿す。ひとつのフローラルフォームに2本ずつ挿すと間隔が詰まりすぎ、1本だと空きすぎてしまうため、右端のフローラルフォームには2本、2番目に1本、3番目に2本……と順に挿していく。さらに左から3番目のフローラルフォームの左奥に、頂点となる開きのキクを真っすぐに挿し、60cmの高さにする。

03 | 左側の頂点から右方向へ挿していく

左側の頂点から、花の高さを３分の１程度低くしながら、右に向かって等間隔に挿す。

04 | 始点と頂点をつなげて挿し終えた状態

残りのキクを挿して１列をつなげる。高い方から低い方に向かって挿すことで、誤って茎を短く切ってしまった場合、低い方に挿し直すことができる。

05 | 頂点から花ひとつ分ずつ低くし、角度をつけながら挿す

頂点から左端のフローラルフォームの左前に向かってキクを挿す。花ひとつ分ずつ高さを下げつつ、花の開きを小さくしていきながら、徐々に前面に傾け、花の顔を正面に向ける。

06 | ６本目まで角度をつけて挿していく

頂点から６本挿したところを終点にする。終点のキクは中開きを使い、左端のフローラルフォームの左前の角に挿す。

07　1列目を挿し終えた状態

始点から頂点までは開きのキクを真っすぐに挿し、頂点から終点までは徐々に中開きに変化させ、花の顔を徐々に前に向かせる。

08　頂点脇部分から、2列目として3本を挿す

［05 ～ 06］で挿した6本を始点にして、右方向にキクを挿して列を作る。2列目は頂点の左脇を始点にして挿す。1列目のキクとキクの間を埋めながら、1列目と隙間を空けずに、開きのキクを3本挿して終了する。高さは1列目と揃える。

09 同様に、３列目を挿す

３列目も同様に、２列目のキクとキクの間を埋めるように、２列目と隙間を空けずに３本挿す。４本目は２列目と３列目の間に挿し、２列目と３列目を合流させる。１列分減ることで、左右で20本のキクの使用が抑えられる。合流したら右端まで、前列のキクとキクの間を埋めるようにして開きのキクを挿す。２列目と合流するまでは、花半分高さを下げて挿し、合流後は１列目と徐々に高さを合わせていく。

10 ４列目を花半分、低い位置に下げて挿す

４列目はキクをやや前に傾け、３列目より花半個分高さを下げて４本挿す。左端は開きを使い、右側に挿し進めるうちに中開きにしていく。

11 ４列目の５本目から３列目と同じ高さで挿す

５本目で３列目と合流させ、合流後は１列目と徐々に高さを合わせ、前列のキクとキクの間を埋めるようにして中開きのキクを挿す。

12 同様に、5列目も挿す

5列目からは列の合流はせずに右方向に挿し進める。1本目のキクは、左端のキクの開き具合に合わせ、右に進めるうちに中開きにしていく。前列のキクとキクの間を埋めるように挿し、5列目を完成させる。

13 6列目は左端の花から直線に挿す

6列目も5列目同様、左端のキクの開き具合に合わせて1本目を挿し、右に進むにつれて中開きにしていく。前列のキクとキクの間を埋めるように挿し、6列目を完成させる。7列目も6列目同様、左端のキクの開き具合に合わせて1本目を挿し、右に進むにつれて三分咲きにしていく。前列のキクとキクの間を埋めるように挿し、7列目を完成させる。

POINT

注意したいポイント

両端をせり上がらせてデザイン性を高める

祭壇完成時は中心にお骨や位牌が入り、左右両端に向かって、キクの列が徐々にせり上がります。外形のラインを緩く滑らかなカーブで形作るには、中心から頂点に向かうのではなく、頂点からスタートするのがおすすめです。中心に向かって徐々に高さを下げながら挿していきます。

14 最下段は右端に進むにつれ花の開きを蕾に近づける

最終列も同様に、左端のキクの開き具合に合わせて１本目を挿し、右に挿し進むにつれて開き→中開き→三分咲き→蕾にする。

15 最下部と右端部分に葉物を挿す

右端のキクの茎が見える部分と、前面にレザーファンを挿し、茎やフローラルフォームを隠す。ゴッドセフィアナを半分の長さに切り分け、レザーファンの上に重ねて挿す。この後、花物を加えるため、葉と葉の間に一定の空間を空けておく。

16 すべて挿し終えて完成

ゴッドセフィアナの葉と葉の間にデンファレを挿す。祭壇の中心となる、右端の空間部分にはデンファレを多めに挿し、華やかさを演出する。左端（祭壇の両端）にボリュームを出し、右端（祭壇の中心）に向かって、花を小さくしてグラデーションをつけたスタイル（p.170 参照）。グラデーションをつける場合は、外側を濃い印象にすると見栄えが良い。

POINT

注意したいポイント

白花とグリーンをつなげる

デンファレは葉物の幅に合わせて斜めに挿し、葉物に馴染ませるようにします。縦向きに挿すと、デンファレで埋められる面積が少なくなり、本数がたくさん必要になってしまいます。またキクの花に近づけて挿すと、花物と葉物の境が曖昧になってしまうため、必ず葉物に沿わせて挿すようにしましょう。

・良い向き

・悪い向き

左右両側を製作した場合のイメージ

祭壇サイズを３間以上の幅にする場合は、左右両端の高さを出します。中心付近はp.164［02］で、始点と同じ高さで挿した３本のキクを、６本もしくは７本に増やします。さらに大きな祭壇にする場合は、フローラルフォームの段数と列数を増やし、高さと横幅を出します。

STEP2 挿し方の基礎になる、緩やかなカーブライン

花数を抑えながらも美しさのある
緩やかな「横流し」のラインテクニック

緩やかな「横流し」のラインデザインは、太いラインのデザインや、キクや色花で面を埋めるデザインの祭壇よりも、少ない花材数で製作することができます。使用本数が少なくとも、それらのデザインと見比べても遜色はなく、低予算の祭壇が求められている場合にとても有効です。

このデザインを美しく見せるために大切なのは、花材を等間隔に挿すこと。開き具合の異なるキクで、細くなり消えゆくラインがきれいに表現できるよう、それぞれのポイントで的確な花材を選ぶことが重要になってきます。

テクニック
01

規則正しい緩やかなカーブ

キクを等間隔に挿しながら、花同士が横並びにならないよう注意。1カ所でも直線的になると、その部分だけが目立ってしまいます。

異なる開きのキクで表情をつけた、シンプルなカーブラインのデザイン。

テクニック
02

実践で多用されるライン

緩やかな「横流し」のラインは、さまざまな祭壇にパーツとして組み込まれています。製作する機会が多いため、挿し方をしっかり体得します。

テクニック
03

開き→中開き→蕾のグラデーション

始点で一定間隔を空けて挿した複数のラインを、終点で１本にする場合、「開き→中開き→蕾」と花を小さくして消えていくイメージにします。

テクニック
04

一定間隔の隙間が強調効果

ラインはライン、洋花は洋花、それぞれのパーツ間に一定の隙間を空けると、祭壇全体にメリハリがつきます。しっかりと空間を空けることで、使用する花数も抑えることができます。

テクニック
05

キクは一定の間隔で挿す

できる限り少ない花材数で仕上げるため、キクは密着させないようにします。花一つひとつが「点」に見えるよう、一定の間隔を取って挿すと、キクの美しさも際立ちます。

STEP2
PATTERN
A

横に流れるようなラインで構成するデザイン

横流し × キク × 洋花

横に延びる緩やかなラインが
花一つひとつの美しさを生かす

横に流れるようなラインで構成するデザイン ▸完成サイズ：1間（1.8m）

コストダウンのためのスタイル
花数を抑えながらも魅せる祭壇に

幅1間の場合、フローラルフォームを縦置きにすると11個並べられ、横置きにすると6個並べることができます。横置きで作った祭壇は厚みが出ませんが、正面から見れば遜色はありません。奥行きがない分、使用花材数を抑えられ、デザインによっては縦置きの半分以下の本数で作ることが可能です。

そのため予算が少ない場合には横置きのスタイルが有効です。ただし手前にボリュームを持たせるデザインは作れず、「横流し」と呼ばれる、横に流れを出すスタイルに限られます。このデザインは、「横流し」の中でもベーシックな形でテクニック的にも簡単。初心者におすすめです。

使用花材

◎花物
キク（白）……45本
カーネーション（ピンク）……15本
カスミソウ（白）……適量
ユリ（ピンク）……4本
デンファレ（白）……10本
◎葉物
ゴッドセフィアナ……適量
ドラセナ・サンデリアーナ……適量
モンステラ……適量
レザーファン……適量

挿し方

01 フローラルフォームを横置きでセッティングする

6個のフローラルフォームを、横置きにして並べる。

02 右端にⒶ、中心にⒷ、左端にⒸを設置する

右端のフローラルフォームの右奥に、開きのキクⒶをやや右に傾けて挿し、台上から花の先端まで40cmの高さにする。右端から3番目のフローラルフォームの、左端奥に開きのキクⒷを、花が左右の中心になる向きに挿し、55cmの高さにする。左端のフローラルフォームの左前に、開きのキクⒸをやや左に傾けて挿し、40cmの高さにする。

POINT

注意したいポイント

左右の花は外側に角度をつけて挿す

限られたスペースでも、なるべくボリュームがあるように見せるため、左右両端のキク（写真Ⓐ・Ⓒ）は外側に傾けて挿します。このとき茎の上に真っすぐに花がついている物を使うと、花も外側に傾いてしまいますが、首が曲がった物を使えば、外側に角度をつけて挿しても、花を真っすぐ上に向けることができます。

03 中心点Ⓑと、左端の終点Ⓒをつなげていく

Ⓑから©まで、開きのキクを７本使い、徐々に前にずらしながら等間隔に挿し、緩やかな曲線でつなぐ。

04 同様に、右側も挿し、Ⓐとつなぐ

ⒷからⒶまで開きのキクを６本使って等間隔に挿し、緩やかな曲線でつなぐ。

05 ｜ 2～5列目の終点を設置する

Ⓒから右下に向かって、2～5列目の終点となるキクを4本挿す。花と花の間隔はこぶしひとつ分空け、高さは花2分の1ずつ下げ、徐々に前面に傾ける。5本目のキクⒼは、左から3番目のフローラルフォームの左端から3分の1右に挿す。

06 ｜ 右側に、2列目の始点Ⓗを、蕾の花材で設置する

Ⓐから4本目と5本目のキクの間に、蕾のキクⒽを挿す。キクⒽが、2列目のラインの始点になる。

07 ｜ 2列目の始点Ⓗと終点Ⓓをつなげる

ⒽとⒹの間にキクを挿し、2列目のラインをつなぐ。花はⒹから右に向かうにつれ、中開き→三分咲きと、徐々に小さくしていく。

08　３列目の始点Ⓘを設置し、終点Ⓔとつなげる

Ⓗから、左に３本目と４本目のキクの間に、蕾のキクⒾを挿す。Ⓘが３列目のラインの始点になる。ⒺとⒾの間にキクを挿し、３列目のラインをつなぐ。花はⒺから右に向かうにつれ、中開き→三分咲き→蕾と、徐々に小さくしていく。

POINT

注意したいポイント

美しく揃ったラインを挿せるようになるには

この祭壇の最大のポイントは、終点の開きのキクから花が小さくなり、中心で消えゆくラインの挿し方です。開きから中開き→蕾と自然な流れになるよう、的確な花選びが大切。１列のラインで急に花のサイズが変わると、花材を密集させていないため、その部分だけが目立ってしまいます。

09 ｜ ４列目の始点Ⓙを、蕾の花材で設置する

Ⓘから左に２本目と３本目のキクの間に、蕾のキクⓙを挿す。ⓙが４列目のラインの始点になる。

10 ｜ ４列目の終点Ⓕと始点Ⓙをつなぎ終えた状態

ⓕとⓙの間にキクを挿し、４列目のラインをつなぐ。花は右に向かうにつれ、中開き→三分咲き→蕾と、徐々に小さくしていく。

11 ｜ ５列目の始点Ⓚを、開きの花材で設置する

１列目のⒶと２本目のキクの間に、開きのキクⓀを挿す。Ⓚが、５列目のラインの始点になる。

12　5列目の始点Ⓚと終点Ⓖをつなげる

ⓀとⒼの間にキクを挿し、5列目のラインをつなぐ。右に進むにつれて徐々に茎を立てて挿し、花が完全に横向きになったⓀへ自然につなげる。

13　最下部に、葉物を挿す

フローラルフォームの前面にモンステラを挿し、フローラルフォームを隠す。

14　右側の茎部分を葉物で覆い、左側には明るい葉色の葉物を挿す

中心部分は避け、右側部分にレザーファンを、左側には半分に切ったゴッドセフィアナを挿し、キクの茎を隠す。

15　さらに、右側にも斑入り葉を挿す

モンステラの上部に、ドラセナ・サンデリアーナを挿す。この後ユリを挿すため、密にせずユリのスペースを空けながら、葉の色合いがよく見えるよう、やや前面に傾けて挿すようにする。

16 左側に、白花で華やかさを与える

ゴッドセフィアナの葉と葉の間に、デンファレを挿す。左端に挿すデンファレは横向きにし、フローラルフォームから花がはみ出るように挿す。このテクニックを「飛ばし」と呼び、限られた予算であっても、祭壇を一回り大きく見せることができる。

17 右側には、ポイント花を４本挿す

右側に挿したドラセナ・サンデリアーナの葉と葉の間に、ユリを４本挿す。中心近くのユリは満開のものを、右端に進むにつれて、中開き→三分咲き→蕾にする。キクの５列目のラインの形に沿わせ、ユリとキクは一定の間隔を空けるようにする。

18 ポイント花のラインに等間隔に色花を加える

ユリの花と花の間に、ピンクのカーネーションを、花の顔が見るように前面に傾けて挿し、ユリとカーネーションでラインを作る。さらに２列目、３列目にもカーネーションを挿す。挿す際は前列の花と花の間に配置する。

POINT

注意したいポイント

白系の色花とキク、それぞれを生かすテクニック

上部のキクと下部のデンファレとの間が狭いと、色が混ざり、それぞれの花の存在がぼやけてしまいます。しっかり空間を空け、キクはキク、洋花は洋花のラインをはっきりさせると美しく見えます。特に、同系色の花材同士を組み合わせる場合は注意が必要です。

POINT

注意したいポイント

上品さを欠かさずに崇高な印象を醸し出す

「横流し」のデザインの特徴は、キクの花一つひとつを「点」として見せて、キクの美しさを強調していること。使用するキクの本数は、p.148「厳かな印象を与える、キクの並列デザイン」の約半数ですので、原価が抑えられることも大きな特徴です。

ただしフローラルフォームを横置きにしているため、奥行きと高さが必要なデザインは製作できません。キク1本1本の隙間が、これ以上空くと寂しい印象になり、これ以上狭いと、花が「点」ではなく「線」に見えてしまいます。挿す際は花同士の隙間に注意が必要です。

19 | 色花の周囲を白い小花で埋める

花と花の間や花と葉の間にカスミソウを挿し、隙間を埋める。

20 | 色花の周囲に、小花をバランス良く挿し終えて完成

カスミソウの高さや向きは、カーネーションに合わせる。カーネーションやユリよりも、前面に飛び出させないようにする。

左右両側を製作した場合のイメージ

中心から左右に広がりを持たせた、動きのあるデザイン。キクのラインの軌道次第では、羽のような印象にすることも可能です。花の密度を抑えているため、同幅の並列デザインに比べて花材本数は少なめ。ポイント花もユリ１種のみで抑えているため、予算に限りがある場合に有効なデザインです。

ラインの流れの方向を変えた
バリエーション

横流し × キク × 洋花

緩やかなラインにひと工夫を加え
広げた羽のように魅せる

ラインの流れの方向を変えたバリエーション ▶完成サイズ：1間（1.8m）

カーブのラインを変化させた羽を連想させる応用スタイル

p.174「横に流れるようなラインで構成するデザイン」のカーブのラインに、緩やかな凹凸をつけた応用デザイン。同じものを反対側に製作し左右対称にすると、広げた羽のように見えます。予算を抑えるため、フローラルフォームは横置きにし、またカーブラインを構成するキクは、一定の間隔を空けて挿し、花数を減らしています。

コンパクトな葬儀で、葬家が特定のデザインにこだわりがなく、細かい指定などがない場合に向いています。難易度は低めで、初心者にも作りやすい基礎的なスタイルです。

使用花材

◎花物
キク（白）……59本
デンファレ（白）……10本
ユリ（ピンク）……5本
カスミソウ……適量
◎葉物
ゴッドセフィアナ……適量
レザーファン……適量

挿し方

01 フローラルフォームを横置きでセッティングする

フローラルフォームを6個、横置きにして並べる。

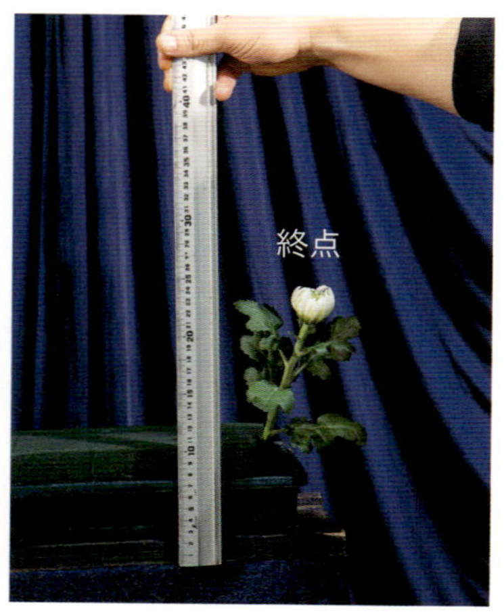

02 ガイドとする頂点・始点と終点を挿す

左から2番目のフローラルフォームの右奥に、頂点であり始点となる開きのキクを真っすぐに挿し、台上から花の先端まで55cmの高さにする。右端のフローラルフォームの右手前に、終点となる蕾のキクをやや右前方に傾けて挿し、25cmの高さにする。

03 頂点・始点と終点を挿し終えたところ

［02］で挿した頂点・始点と終点を、全体から見たところ。右端・終点のキクの傾け具合がより分かりやすい。

04 頂点・始点から左端まで、等間隔に４本挿す

頂点・始点から左に向かってキクを４本挿し、各ラインの始点とする。花と花の間隔は拳一つ分空け、高さは花一つ分ずつ下げる。３本目あたりから徐々に左に傾けながら挿し、左端の始点と［02］で挿した終点の、キクの傾ける角度を揃える。

05 頂点・始点から右端の終点の間を挿していく

頂点・始点のキクと右端の終点までの間をつなぎ、外形のラインを作る。２～４本目は、花２分の１ずつ高さを下げ、５本目以降は徐々に中開きにし、なだらかな弧を描くように挿して、徐々に高さを下げる。

POINT

注意したいポイント

花と花の間隔は拳一つ分に

花一つ分ずつ高さを下げ、花と花の隙間は拳一つ分を空けます。この間隔が花と花の空間としての限界で、これ以上空けると、空間が目立ってしまいます。

06 ガイドの頂点・始点と終点をつなげた状態

9本目から右端の終点までキクを挿す。花は中開き→三分咲きと、徐々に小さくする。終点の蕾につなげ、1列目の外形のラインが完成。全体のバランスが大切なので、この時点でラインの形状の確認をしっかりしておく。

07 2列目の終点を設置する

1列目の頂点・始点から右の7本目と8本目の間を、2列目の仮の終点に設定し、蕾のキクを挿す。1列目から5列目まで、ラインを右端まですべてつなげると、終点で大渋滞になってしまうので、2～5列目の終点は、徐々に左にずらしていく。

08 2列目の始点となる花から均等に挿す

2列目の終点と、2列目の始点の間に7本キクを挿し、ラインをつなぐ。2列目からは徐々にキクの顔が見えるよう、少しずつ、前に傾けて挿す。キクは、蕾→中開き→開きをバランス良く使う。

09 ３列目の終点を設置する

２列目の始点から右の６本目と、７本目の間を３列目の仮の終点に設定し、蕾のキクを挿す。

10 ［08］と同様に、３列目の終点まで挿す

蕾→中開き→開きをバランス良く使い、終点と始点をつなげる。２列目とは異なり、ラインはカーブさせない。

11 ４列目の終点を設置する

３列目の始点から右の５本目と、６本目の間を４列目の仮の終点に設定し、蕾のキクを挿す。２～４列目は中開き→三分咲き→蕾と徐々に小さくする。開きのキクを挿し続けて、急にラインが終わると非常に目立つため、徐々に小さくして、消えていくように見せている。

12 ４列目の始点と終点を均等に挿していく

３列目と同様に、始点までつなげる。開き→中開き→蕾をバランス良く使う。

13 ５列目のラインをつなげていく

最後の５列目に蕾のキクを使うと、ラインの印象が薄くなるため、中開きを使う。８本目くらいまで、ラインは緩く下げ、９本目くらいから徐々に上げていく。

14 わずかに中心まで下げていき、中心から緩やかに上げる

カーブが上がりきったところで、１列目と合流させ、さらに１列目の２本目と３本目の間まで挿す。花は中開き→蕾へと徐々に小さくしていく。２～４列目を途中で消えているように挿す理由は、全列を終点に向けて挿し続けると、終点付近だけが込み入ってしまうため。ラインを減らすことで、終点がすっきりと自然な印象になると同時に、花材の節約にもなる。

15 最下部に葉物を挿す

フローラルフォームの前面にレザーファンを挿し、フローラルフォームを隠す。ゴッドセフィアナを、半分の長さに切り分け、レザーファンの上に重ねて挿す。この後、花物を加えるため、ゴッドセフィアナはやや少なめにし、葉と葉の間に一定の空間を空けておく。

16 洋花で華やかさを出す

ゴッドセフィアナの葉と葉の間に、デンファレを挿す。デンファレとゴッドセフィアナのラインと、キクのラインの間に一定の空間を空けることで、全体にメリハリを付けている。

17 位牌に近い中心となる部分に、ポイント花と小花を挿して完成

キクで作った内側ラインの下の空間に、ピンクのユリを５本挿す。目立つ場所に開いているユリを３本挿し、その下に蕾のユリを挿す。さらにユリの花と花の間に、カスミソウを挿す。

左右両側を製作した場合のイメージ

PATTERN A（p.174）の「横に流れるようなラインで構成するデザイン」同様、オーソドックスでシンプルなデザインで、使用花材数も同程度です。位牌や遺影が置かれる中心部分に目線が集まるよう、中心部分の高さを抑え、さらにポイント花も配しています。

STEP3 デザイン性を広げるための、基礎となるライン

さまざまな可能性を持つ
スタンダードなラインデザイン

キクで取った外形ラインの内側を、白花や色花で埋めてグラデーションを表現します。下部をキクで縁取れば引き締まった印象になり、ラインを重ねて高さや奥行きを出したり、色花でグラデーションを表現したりすることが、アレンジにつながります。

さらには、ラインのデザインと組み合わせたりすることで、よりデザイン性を高めていくことも良いでしょう。アイデアとセンスを駆使することで、さまざまなスタイルに応用が可能です。

テクニック
01

花材の応用力

外形ラインの内側に挿す花材は、白花、もしくは色花。色花の場合は、デルフィニウムやカーネーションなど、色のバリエーションが豊富な花材を使用します。

左右で異なる色合いのグラデーションを付けた、左右非対称のラインデザイン

テクニック
02

グラデーションの構成

白花のみのグラデーションは、「上は白を濃く、下は薄く」が基本。キクまたは、カーネーション→スプレーマム→コギクへと続けます。

テクニック
03

緩やかなカーブライン

カーブラインは緩急をつけながら、直線部分を作らないようにつなげます。カーブの形によって、キクの花もサイズを徐々に変えながら挿して、表情豊かに仕上げましょう。

テクニック
04

面を埋める

色花で面を埋める場合、予算の都合で隙間を空けて挿すことも。必ず一定間隔にし、隙間にはカスミソウなどを挿します。

STEP3
PATTERN
A

グラデーションで
印象的に魅せるラインデザイン

ライン × キク

さまざまなデザインに応用可能な
スタンダードなスタイル

グラデーションで印象的に魅せるラインデザイン ▶完成サイズ：1間（1.8m）

「生花祭壇を代表する」ともいえる応用デザインが豊富なスタイル

日本全国で作られている生花祭壇の中で、もっともスタンダードなラインデザインといえるのがこの形です。ラインの内側は、キクやスプレーマム、コギクの隙間を空けずに挿して面を埋め、白のグラデーションを表現しています。

このスタイルは、さまざまな形に応用可能です。左右対称にしたり、片側のサイズを変えて非対称にしたり、パーツを２段、３段と重ねたり。また、色花を使ったグラデーションを取り入れるのもおすすめです。その場合は、故人が好きだった色で表現すると良いでしょう。

使用花材

◎花物
キク（白）……70 本
スプレーマム（白）……35 本
コギク（白）……20 本
◎葉物
レザーファン……適量

挿し方

01 フローラルフォームを縦置きにセッティングする

フローラルフォームを 11 個、縦置きにして並べる。

02 外側点と頂点、右終点を挿す

右端のフローラルフォームの縦幅の中央右に、右終点となる中開きのキクをやや右に傾けて挿し、台上から花の先端まで 25cm の高さにする。左から 5 番目のフローラルフォームの中央奥に、頂点となる開きのキクを真っすぐに挿し、60cm の高さにする。左端のフローラルフォームの左端中央に、外側点となる開きのキクをやや左に傾けて挿し、30cm の高さにする。

03 頂点と外側点をつなげる

頂点から外側点まで、自然な曲線になるようにつなげて外側のラインを作る。[02] で挿した３本の位置は目安であり、挿しながら形を整える。

04 前方向にカーブさせながら、左終点まで挿す

外側点から内側に巻くようにして、５本キクを挿して左終点までつなげ、外形のラインを完成させる。終点は蕾のキクを使い、左から２番目のフローラルフォームの左前面に、キクの顔が前に向く角度で挿す。

05 頂点から、花半分ずつを下げながら、数本を挿す

内側のラインを挿していく。頂点とその左のキクの間にキクを１本挿し、以降、花半分程度の高さを下げながらカーブさせ、中央のフローラルフォームの中央まで計９本挿す。フローラルフォームの前面に挿してしまうと、後から残りの花材を挿せなくなるため、なるべく後方に挿し、前側のスペースを空けておく。

06 カーブさせた部分から、右終点までつなげる

右終点まで、花を徐々に小さくしながら緩やかなカーブを描いてつなぐ。[05] で最後に挿したキクから徐々に奥側に挿す。7 本挿したら右端までは徐々に手前に挿し、右終点につなげる。キクを数本挿したら数歩下がって、全体の形をチェックすることを繰り返し、形を作っていく。

07 ラインを取った間を埋めていく

外形のラインと内側のラインの間に、キクまたはスプレーマムを挿し、面を真っ白に埋めていく。花材の状況に応じて、キクやスプレーマムを使う。スプレーマムを使う場合は、なるべく開いているものを使うようにする。

POINT

注意したいポイント

花半分を階段状に下げるテクニック

頂点と右終点をつなぐラインは、左へ急激に曲げながら、花半分ずつ高さを下げて、前側に挿していきます。カーブを曲がり切ったポイントで、フローラルフォームの縦方向の半分まで出して挿します。この後も前側に花材を挿すため、キクを挿す時点では、これ以上前に出ないようにします。

08 開いた花材を使って面を埋め、挿し終えた状態

半分程度までスプレーマムで真っ白な状態になるまで埋める。右端が細くなるデザインのため、右端に挿すスプレーマムは少なめにする。

09 蕾の花材に替えて挿していく

スプレーマムで上半分を埋めたら、コギクに切り替えて挿す。白い花の割合を減らすことで、白のグラデーションを表現する。コギクは前面に傾け、フローラルフォームの上面と前面の角まで挿す。

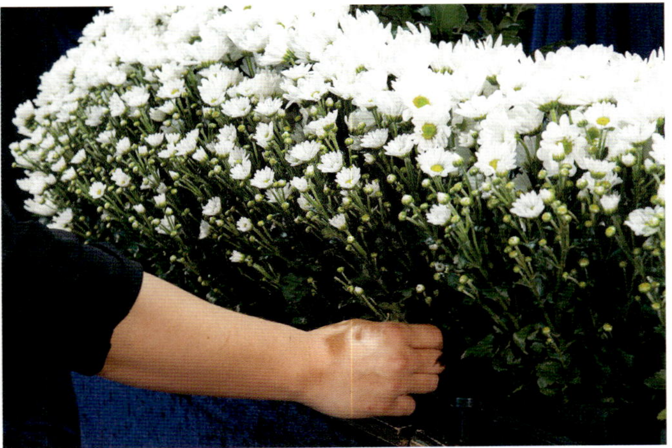

10 | 頂点から終点を挿し 最下部に葉物を挿す

頂点から右に向かって、緩く下向きにカーブさせながら、キクを4本挿す。フローラルフォームの前面にレザーファンを挿し、フローラルフォームを隠す。右端に挿したコギクが少なく、フローラルフォームが見えてしまう場合は、レザーファンでしっかり隠す。この状態で完成として、終了しても良い。

POINT

注意したいポイント

左右が下がるラインの挿し方のコツ

頂点から外側ラインの終点まで挿す場合は、単純に花材の高さを下げて挿していきます。ただし、[10] で挿した右端の終点から挿し始めた場合、一旦頂点まで高さを上げ、そこから左に向かって、高さを下げることになります。テクニック的に難しく、ラインの形が作りにくいため、初めに頂点を挿し、主なラインを取ってから（①）、右の終点までつなげましょう（②）。

11　左端のカーブから右側へとラインをつなぐバリエーション

最下段のコギクを抜き、左の終点からキクを挿し、右終点までつなげる。蕾から徐々に中開きにしていくと同時に、花の顔が見えるように前面に傾けて挿す。大きな開きを使ったり、わずかでも挿し位置がずれたりすると、その部分だけが非常に目立ってしまう。上部から、カーブを曲がりながら徐々に花を小さくして、下がりきったところで蕾にし、ラインが右方向に上がるときに、徐々に再び大きくしていく。

12　ラインでつなぎ、挿し終えて完成

中央付近から右終点までは、徐々に花を真っすぐに立てながら奥に挿していく。実際の祭壇では、右側下部のカーブラインの下にできたスペース（赤線で囲んだ部分）に、女性色、男性色などの色花を挿す。

左右両側を製作した場合のイメージ

さまざまなバリエーションがあるラインデザインの、基本的なスタイル。ラインの軌道を変えたり、キクの代わりに、色花でグラデーションを表現するようにして、オリジナルのラインデザインを身に付けましょう。

全国的に見ると、白木祭壇を常設する葬儀会場が多く、キクを主体にしたスタンダードスタイルの生花祭壇は欠かすことができません。しかし近年は、並列以外のデザインも求められるようになってきました。このスタイルは、アレンジ次第で「雲」や「道」に見せることができ、さらに洋花で男性色や女性色を表現したり、故人が好きだった花を入れたりすることもできます。ラインデザインが普及した背景には、さまざまなスタイルに対応できるという大きな利点があるのです。

STEP3
PATTERN
B

PATTERN A を
色花でアレンジしたスタイル

ライン × キク× 洋花

色花のグラデーションが美しい
ラインデザインのアレンジバージョン

PATTERN A を色花でアレンジしたスタイル ▶完成サイズ：1間（1.8m）

華やかな色合いが目を引く
洋花のグラデーション

PATTERN A（p.204）はキクやスプレーマムなどで、白一色で作成しましたが、このアレンジは、下部のグラデーション部分の花材を色花に替え、華やかに仕上げています。カーネーションを使っていますが、故人の好きだった花やスイートピー、スプレーストック、トルコキキョウなどの洋花でも良いでしょう。

白花と色花でグラデーションを表現する場合は、上部は白花などの淡い色、下部に濃い色花を使いましょう。また、白からいきなり濃い色に切り替えず、中間の濃さの花を真ん中に加えると、遠目から見たときに違和感がなく、自然で落ち着いた雰囲気になります。

使用花材

◎花物
キク（白）……52本
スプレーマム（白）……25本
カーネーション（薄黄緑）……40本
カーネーション（濃黄緑）……26本
カスミソウ（白）……適量
◎葉物
レザーファン……適量

挿し方

01 PATTERN A の葉物を挿した状態を活用する

p.204 の PATTERN A［10］から、コギクを抜き、スプレーマムは残す。

02 色花を等間隔に左右いっぱいに挿す

スプレーマムの下に、薄黄緑のカーネーションを花一つ分の隙間を空けて、等間隔に挿す。１列目は色が薄めで、花が小さめのものを使うようにする。

03 花と花の間に、3列目を挿していく

２列目以降は前列の花と花の間に挿し、徐々に色を濃く、花も大きめなものにしていく。大きなものを下に挿して重心を下げ、色の濃淡や花の大きさのグラデーションを引き立てるようにする。カーネーションは一定の空間を空けて、規則性をもって挿す。挿し位置がずれると目立つので気をつける。花同士を結んだ線が、二等辺三角形に見えるようにすると良い。

04 5列目まで挿し終えた状態

５列目までカーネーションを挿した状態。下段に進むにつれて花色が濃くなり、花のサイズも大きくなっている。

05 色花の隙間に白い小花を挿す

カーネーションの花と花の間に、カスミソウを挿す。スプレーマムとカーネーションで作った面から、カスミソウが飛び出さないよう、カーネーションと高さを揃えて挿す。カーネーションより前に出てしまうと、カスミソウの方が目立ってしまうので注意。

06 全体的に小花を挿し、面を埋めて完成

最下段のカーネーションと、レザーファンとの間にもカスミソウを挿す。レザーファンの緑とカーネーションの薄緑の間に、カスミソウの白を入れることで、カーネーションの花色が引き立つ。

左右両側を製作した場合のイメージ

ラインデザインに色花を使うスタイルは、近年登場しました。キクからスプレーマム、コギクのグラデーションでは、コギク部分の花が目立たないため、寂しい印象を与えることもあります。その場合は、今回使用した黄色をはじめ、青、ピンクといった男性色や女性色、故人の好きだった色を使い、華やかさを演出すると良いでしょう。

また、白から色花のグラデーションだけでなく、ライン自体に色花を使うことも可能。ただし、色花を多用すると原価が高くなるので予算に応じて使用します。

グラデーションをアクセントにした、左右対称の祭壇

ライン × キク× 洋花

色花が織りなすハート形のグラデーションが、
温かさを演出する

グラデーションをアクセントにした、左右対称の祭壇 ▶完成サイズ：9尺（2.7m）

厚みのある濃い花色のラインがグラデーションを美しく見せる

丸みのある外形と、内側のハートのデザインが、温かみと優しさを感じさせる左右対称の祭壇です。ピンク系の色花を使い、女性らしい雰囲気に仕上げています。幅は一間半あり、左右の面はキクやスプレーマム、カーネーションなどで真っ白に埋め、下部には2、3種の色花でピンクのグラデーションに。通常祭壇は、ある程度遠目から見ます。祭壇のサイズが大きい場合、色花のライン幅が細いとグラデーションに見えないことがあります。各色の列数をそれぞれ増やし、厚みをつけましょう。また、花色が薄いと色が出にくく、ぼやけた印象になりがちです。はっきり濃い花色を使うようにしましょう。

使用花材

◎花物
キク（白）……開き・120本
スプレーマム（白）……40本
カーネーション（白）……40本
カーネーション（ピンク）……55本
スターチス（ピンク）……適量
ユリ（白）……6本
カトレア（ピンク）……5本
カスミソウ……適量
◎葉物
ナルコユリ……適量
レザーファン……適量
ドラセナ・サンデリアーナ……適量

挿し方

01 フローラルフォームを横置きで2段セッティングする

フローラルフォームを9個横置きにし、20cmの段差をつけて2段並べる。

02 左側に外形のラインの始点・頂点・外側点を挿す

上段左から4番目のフローラルフォームの右奥に、始点となる開きのキクをやや右に傾けて挿し、台上から花の先端まで40cmの高さにする。左から3番目のフローラルフォームの中央からやや右奥に、頂点となる開きのキクを真っすぐに挿し、65cmの高さにする。左端のフローラルフォームの中央からやや左奥に、外側点となる開きのキクを左に傾けて挿し、30cmの高さにする。

03 始点・頂点・外側点の間をそれぞれ挿してつなげる

[02] の始点から頂点を通り、外側点までを開きのキクでつなぎ、さらに下段につなぐ。下段は、一番左のフローラルフォームの左奥から挿し始め、左にカーブさせて低くするのと同時に、花を徐々に前向きにする。終点は、左端のフローラルフォームの右前面に挿す。花は徐々に小さくし、終点の7本目で完全な蕾にして消えていくようなイメージにする。

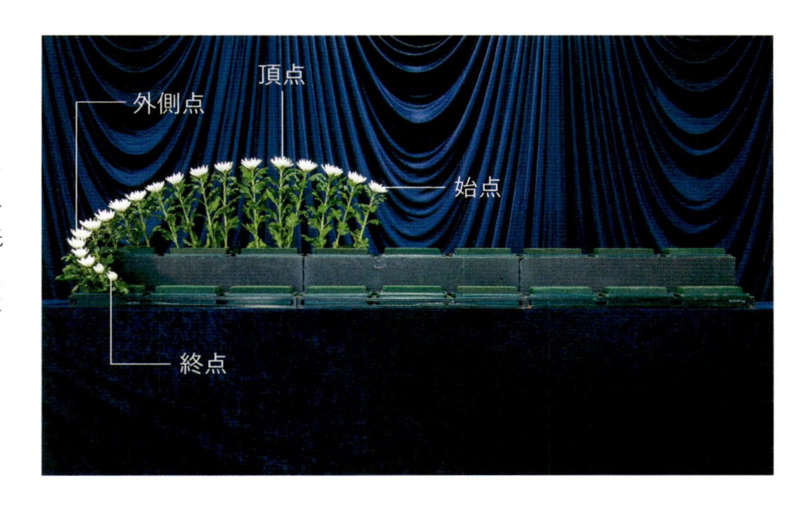

04 同様にして、右側もライン取りをする

右側も同様に挿し、左右対称にする。これで左右の外形のラインが完成する。

05 左側の内側にラインを挿す

外形ラインの中に、内側のラインを作る。始点から４本は、１列目のキクとキクの間に挿し、５本目くらいから徐々に高さを下げながら、内側に向かってカーブさせ、中心点まで挿す。花は開き→中開きを使用する。

06 同様にして、右側にラインを作る

右側も同様に挿して左右対称にし、中心点で左右のラインをつなげる。

07 ライン取りをした内部を半分ほど埋めていく

外形のラインの、1列目の前に2列目を挿す。内側のラインの分岐点から、外側点までの間を挿し、外形のラインを強調させる。左はラインの2列目にキクを使い、右はスプレーマムを使用しているが、違和感はない。
外形のラインと内側のラインの中にスプレーマムを挿し、半分まで真っ白な状態にする。さらに内側のラインに沿ってスプレーマムを挿し、白いラインを強調させる。面を真っ白に埋める場合は、キク、スプレーマム、カーネーション、どの花材を使用しても構わない。そのとき在庫の多い花材を使うようにする。

08 左右両方に、大きめの花を等間隔に数列挿す

スプレーマムの下に、白のカーネーションを等間隔に挿す。

09 最下部に葉物を挿し、中心部分の茎を葉物で覆う

中心のキクの茎が見える部分と、前面に葉物を挿し、茎やフローラルフォームを隠す。フローラルフォームの前面にはレザーファンとナルコユリ、中心には、レザーファンとドラセナ・サンデリアーナを挿す。ドラセナ・サンデリアーナは、中心部にまとめ、真っすぐに挿し、キク、レザーファンとの区切りをはっきりさせる。

10 左側に、色花を等間隔で数列挿す

白のカーネーションの下に、ピンクのカーネーションを等間隔に挿す。１列目は色が薄めで花が小さめのものを使い、２列目以降は前列の花と花の間に挿し、徐々に色を濃く、花も大きめなものにしていく。

11 同様に、右側にも色花を挿し、左右対称に揃える

同様に、右側にもピンクのカーネーションを等間隔に挿し、左右対称にする。

12 さらに濃い色花を挿し、印象づける

最下段のピンクのカーネーションと葉物の間に、濃いピンクのスターチスを挿す。白のカーネーション→ピンクのカーネーション→濃いピンクのスターチスで、色のグラデーションを作る。

13 右側にも濃い色花を挿して、左右対称に揃える

同様に、右側にも濃いピンクのスターチスを等間隔に挿し、左右対称にする。

14 色花同士の隙間を白い小花で埋める

カーネーションの花と花の間に、カスミソウを挿す。カスミソウは、カーネーションの花の面に合わせ、カーネーションよりも前に出さないようにする。

15 中心の空間にポイント花を挿す

ハート形にした中心の空間に、カトレアとユリを交互に挿す。どちらも上下のカーブラインの形に沿わせるが、キクのラインとは一定の間隔を空け、ポイント花とライン、それぞれの存在感を生かす。中央に、位牌やお骨が入る。

製作した祭壇を
実際に設置した場合

白木祭壇と組み合わせた祭壇ではなく、生花祭壇の最上部に輿、２段目に遺影、３段目に生花祭壇を設置しています。遺影まわりにはポイント花をあしらい、下の中央部分にはお骨を配置します。宗派や葬家の希望によって、輿を使わない場合もあります。

STEP4 デザイン性に富み、バリエーションは無限の「羽」パーツ

旅立ちを象徴する優美な「羽」変化をつけやすいデザイン祭壇

鳥が大きく羽を広げ、飛び立とうとしているようなデザイン。具体的なテーマが分かるため、「会葬者の記憶に残りやすいスタイル」と言えるでしょう。面を埋める、キクや色花でグラデーションをつける、キクでカーブラインを取る、飛ばしの技術でサイズを大きく見せるといった、これまで紹介したテクニックの要素がふんだんに使われています。

羽のデザインの特徴は、色花の使用や羽の枚数を増やすなどの工夫により、バリエーションが広げやすいこと。本書では１段で製作できる、「４つのパターン」を紹介します。さらに丸みを帯びた形に変え、羽の枚数や段数を増やすと、花をイメージした祭壇に変化させることもできます。

テクニック 01

すっきり美しいグラデーション

羽ばたく羽の厚みや動きは、白花のグラデーションで表現。下部は花の小さなコギクを挿して白の面積を減らし、下の羽との隙間をしっかりと空けます。

スプレーマムとキクのラインをミックス。黄色のスプレーマムがアクセント。

◎プロセス①

◎プロセス②

◎プロセス③

テクニック
02

美しく維持する計算

外形ラインの２列目まではキクでラインを取り、３列目以降はスプレーマムで面を白く埋めます。頂点付近はしっかりと厚みをつけて、羽の躍動感を表現します。

テクニック
03

色花のグラデーション

色花でグラデーションをつける場合、スプレーマムの白と、色花の濃い色が自然につながるよう、間に淡い色の花を挟み入れましょう。

テクニック
04

「飛ばし」のバランスを知る

限られた予算で少しでも祭壇を大きく見せるため、端に挿す花材を外側に傾けて挿し、横にはみ出させます。この技法を「飛ばし」と呼んでいます。片側 20cm 横に出せば、両方で 40cm 分のサイズアップが可能です。

STEP4
PATTERN
A

グラデーションとラインで構成する「羽」のデザイン

羽 × キク

飛び立とうとする「羽」のパーツのデザイン基本形

グラデーションとラインで構成する「羽」のデザイン

▶ 完成サイズ：１間（1.8m）

故人の旅立ちを象徴する
シンプルな白い羽

鳥の羽をモチーフにしたデザインは、故人の旅立ちを象徴するかのようです。鳥の羽ばたきにマイナスイメージを抱く人は少なく、多用されるタイプです。この型から、あらゆるデザインにバージョンアップさせることが可能で、オリジナル性を打ち出せるパーツでもあります。

テクニックは見た目ほど高度ではなく、意外にも作りやすい祭壇です。ラインを取るために、キクを使用していますが、和のイメージはほぼありません。キクが好まれない場合は、グラデーション部分を色花に替えたり、ポイント花などを組み合わせると良いでしょう。

使用花材

◎花物
キク（白）……53本
コギク（白）……20本
スプレーマム（白）……20本
カーネーション（白）……15本
◎葉物
レザーファン……適量

挿し方

01 フローラルフォームを縦置きでセッティングする

フローラルフォームを11個、縦置きにして並べる。

02 始点・頂点・終点を設置する

右端のフローラルフォームの右奥に、始点となる中開きのキクをやや右に傾けて挿し、台上から花の先端まで45cmの高さにする。キクは首が曲がっているものを選び、茎を右に傾けても花が真っすぐ上を向くように挿す。左から5番目のフローラルフォームの左奥に、頂点となる開きのキクを真っすぐに挿し、65cmの高さにする。左端のフローラルフォームの縦幅の中央左に、終点となる開きのキクを真っすぐに挿し、50cmの高さにする。

03 右端の始点から、数本を同じ高さに挿す

右から３番目のフローラルフォームまで、始点と同じ高さで等間隔になるよう、開きのキクを真っすぐ挿す。

04 外形のラインを緩いカーブでつなぐ

［03］で挿した４本目のキクから頂点、頂点から終点まで、キクを等間隔に挿し、緩いカーブでつなげる。

05 ２列目を、花と花の間に挿す

１列目の前に２列目のキクを挿し、花材同士の隙間を埋める。

06 頂点から終点にかけての部分に、ボリュームを与える

３列目は頂点の周辺に厚みを持たせるため、頂点の右に２本、左に４本、白のカーネーションを挿す。高さは２列目に合わせる。

07 さらに列を挿して増やし、厚みを持たせる

４列目は、[06] の前にやや高さを下げて、カーネーションを４本挿す。１本目は、[06] で挿した右から２本目と３本目の間に挿す。以降、右から５本目と６本目の間まで、１本ずつ挿す。
さらに、頂点の周辺のみに、前列よりやや高さを下げて、カーネーションを３本挿し、しっかりと厚みを持たせる。

08 花材を替えて、面を埋めていく

前列よりやや高さを低くして、スプレーマムを挿し、面を白く埋める。左の方は、[06]で挿した、左端のカーネーションの左脇まで挿す。

09 右に延びるラインに馴染ませて、なだらかにする

頂点から右側部分にもスプレーマムを挿し、下部のラインをなだらかにする。斜線部分には厚みがつき、両端に向かうほど細くなっている。

10 蕾の花材でグラデーションにする

スプレーマムの前に、前列より高さを低くしたコギクを挿し、白のグラデーションを表現する。

POINT

注意したいポイント

逆三角形に作るグラデーション

完成時のイメージは、鳥が羽を開いて羽ばたく姿。頂点周辺の高さのある部分は、白花を密に挿して、白で埋めるのがポイントです。花材をまばらに挿すと、白の濃度が薄くなり、全体的に貧弱なイメージになってしまいます。必ず開きのキクか、スプレーマム、カーネーションを使って、面を白く埋めましょう。

11 最下段に葉物を挿す

フローラルフォームの前面にレザーファンを挿し、フローラルフォームを隠す。

12 3本のラインを挿すための終点を設置する

左右の中心に、短めに切った開きのキクを、前面に傾けて挿す。右に花ひとつ分の空間を空けて2本目、さらにその右に3本目を、前面に傾けて挿す。

左右両側を製作した場合のイメージ

中央下部もしくは外形のラインの上部に、お骨や位牌を設置します。羽のデザインパターンは、花色や羽の形の組み合わせ次第で、無限といっていいほど増やすことが可能です。

13 ｜ 2列目の右端の花を始点とし、終点までつなげる

右端の始点から、[12] で挿した左のキクまでをつなぐ。開きのキクから徐々に中開きにし、高さを下げながら花の顔を前面に傾け、終点に近づくにつれて再び開きの花に戻す。

14 ｜ 同様に、残りの2本をつなげて完成

残りの2列も同様に挿す。2列目は左右を列に挟まれているため、1列目と3列目のラインの、2本目のキクの間を始点にし、三分咲きのキクを挿す。そこから終点に向かって、徐々に花を開きにしていく。

STEP4
PATTERN
B

PATTERN A をより「羽」らしく強調させたパーツ

羽 × キク

蝶や花に変化させ、上品さと美しさを醸し出す

PATTERN A をより「羽」らしく強調させたパーツ

▸ 完成サイズ：１間（1.8m）

キクの縁取りで羽のフォルムを強調
蝶や花のデザインにも展開

基本形から、下部の羽を挿し替えることでイメージを変えた、バリエーションデザイン。下部の羽を白く埋め、羽の形を強調しています。上部の羽の下部ラインをさらに延ばして縁取ると、さらにはっきりとした羽のイメージになります。左右対称の完成形は、蝶のようにも見えるので、グラデーション部分を色花に替えて、女性的な雰囲気にすることも可能です。また、羽の枚数を増やせば、花のように見せるデザインにもでき、華やかな祭壇を構成できます。

使用花材

◎花物
キク（白）……60本
コギク（白）……30本
スプレーマム（白）……30本
カーネーション（白）……15本
◎葉物
レザーファン……適量

挿し方

01 PATTERN A の、ラインを1本抜いた状態を活用する

p.233 の PATTERN A［14］の状態から、3本のラインの真ん中の1本のみを抜く。

02 2本のラインの下部分を、横のラインでつなげる

残りの2本の下部のライン同士を、開きのキクでつなげる。右側がやや下がるよう、ごく緩やかなカーブラインを描くようにする。書道の楷書の「払い」をイメージすると良い。ラインを真っすぐにしてしまうと、硬い印象になるので注意すること。

03　つなげた部分の上半分を、花材を替えて埋めていく

[02] で挿した内側の上半分にスプレーマムを挿し、白で埋める。上部の白く埋めた部分と、同じような濃さにすると良い。

04　蕾の花材でグラデーションにする

残りのスペースにコギクを挿し、白のグラデーションを表現する。

05　左の外側点から、斜めにラインを作る

左の外側点から右下に向かって、6本のキクを挿す。中開きから挿し始め、終点は蕾にする。6本を加えたことで、上部の羽の形を強調させることができる。

06　完成した全体の状態

新しく加えた縁取りで、下部の小さな羽も強調。上部で挿したコギクの部分と、下部の縁取り内側のコギクの部分は、同じ濃度にすると統一感が出て美しい。

左右両側を製作した場合のイメージ

大きな羽、小さな羽ともに縁取りを加えたことで、PATTERN A（p.226）より、さらに羽らしい雰囲気に仕上がりました。ラインの出し方・表現法のバリエーションは、製作者の工夫次第です。自分なりのスタイルを構築しましょう。

STEP4
PATTERN
C

PATTERN B に色花で彩りを加えた バリエーション

羽 × キク × 洋花

カラフルな色花でボリュームと
ゴージャスさをアップさせる

PATTERN B に色花で彩りを加えたバリエーション

▶ 完成サイズ：1間（1.8m）

ポイント花をプラスして
女性らしくゴージャスな雰囲気に

PATTERN B をもとに、洋花を加えたバージョン。下部の羽は上部の羽と形を揃え、ピンクのカトレアやユリ、黄色のオンシジウムで女性らしい雰囲気に仕上げています。この３種の花は、いずれも祭壇に華やかさを与えるポイント花として使用しています。左端に使用したオンシジウムは、外側に向けて横向きに挿し、祭壇のボリュームをアップ。この「飛ばし」のテクニックは、小さな祭壇を少しでも大きくゴージャスに見せるのに、特に有効です。

使用花材

◎花物
キク（白）……55 本
コギク（白）……35 本
スプレーマム（白）……30 本
オンシジウム（黄色）……５本
カトレア（ピンク）……３本
ユリ（ピンク）……4 本
カーネーション……15 本
◎葉物
レザーファン……適量
ゴッドセフィアナ……適量
ドラセナ・サンデリアーナ……適量
モンステラ……適量

挿し方

01 PATTERN B の右下の羽を取り除いた状態を活用し、折り返し点を設置する

p.237 の PATTERN B［06］の下部の羽は、右端の始点からのキク６本だけを残して、すべて取り除く。中央からやや左のフローラルフォームに、折り返し点となる開きのキクを挿す。

02 右端の始点と折り返し点をつなげる

［01］で残した６本目のキクと折り返し点を、開きのキクでつなぎ、小さな羽を作る。つなぐ際は上部の羽の形と同じような形になるよう、やや下向きにカーブさせる。折り返し点までつなげたら、右下に向かって５本のキクを挿す。徐々に花の顔が見えるよう傾けながら挿し、開き→中開きへと小さくしていく。最後は蕾のキクを前に向けて挿す。

03 右下の小さな羽に グラデーションを作る

[02] で挿した小さな羽の内側に、スプレーマムとコギクを挿してグラデーションを表現する。スプレーマムとコギクの列数の割合は、上部の羽と合わせる。

04 最下段の葉物の上に、異なる品種の葉物で 奥行き感を強調する

左端前面スペースに、モンステラを外側に向けて挿す。葉先が外側にはみ出すように挿し、祭壇全体に広がり感を演出する。下部の羽の左スペースには、半分の長さに切ったゴッドセフィアナを、右端のスペースには、ドラセナ・サンデリアーナを挿す。

05 両端に色花とポイント花を 加え、華やかな印象にする

左端のモンステラの上部に、オンシジウムを外側に向けて挿す。フローラルフォームから 20 ～ 30cm はみ出させることで、左右対称にした際は 40 ～ 60cm 大きく見せることができる。右端のドラセナ・サンデリアーナの上に、カトレアを 3 本挿す。

06 下段の中央やや左の位置に、 大きめの色花を挿して完成

ゴッドセフィアナの上にピンクのユリを挿す。花は前面に向け、開花具合の異なるユリをバランス良く挿すようにする。どの花材も羽のラインにかぶらない高さ、幅で挿し、それぞれの存在を際立たせる。

左右両側を製作した場合のイメージ

羽の形を作るのは白のキクですが、洋花の色合い次第で雰囲気を変えることができます。左右の端に挿したオンシジウムによって、横方向にボリュームをアップ。カトレアやユリのピンク、オンシジウムの黄色など、ポイント花の色合いにより、女性らしく華やかな雰囲気を醸し出します。色花を選ぶ際は、在庫状況をチェックすることを忘れずに。ストック花材を有効に使うことは、コストダウンにつながります。

STEP4
PATTERN
D

PATTERN C を色花の グラデーションで印象を変える

羽 × キク × 洋花グラデーション

大空に溶け込むような色合いの青い翼で、
旅立ちを演出する

PATTERN Cを色花のグラデーションで印象を変える

▶ 完成サイズ：1間（1.8m）

湖から飛び立つ水鳥を思わせる美しい色花のグラデーション

華やかなPATTERN C（p.240）から、がらりと雰囲気を変えたバージョンです。女性色のポイント花を抜いて、男性色であるブルー系のスプレーデルフィニウムで面を埋め、グラデーションをつけています。ポイント花は花の面積が大きいため、数本使用するだけで面が埋まりますが、スプレーデルフィニウムの場合は、花のサイズが小さいため、手数と原価がかかります。

女性色で仕上げたい場合は、カーネーションやスイートピー、トルコキキョウなどを使うと良いでしょう。

使用花材

◎花物
キク（白）……55本
コギク（白）……35本
スプレーマム……30本
カーネーション……15本
スプレーデルフィニウム（水色）……10本
スプレーデルフィニウム（青）……15本
キンギョソウ（白）……6本
コデマリ（白）……4本
◎葉物
レザーファン……適量
ゴッドセフィアナ……適量

挿し方

01 PATTERN Cの［03］を活用し、蕾花材の間に色花を加える

p.243のPATTERN C［03］の状態からスタート。上部・下部の羽とともに、コギクを挿した部分に水色のスプレーデルフィニウムをプラスして面を埋める。またはコギクを抜いた状態で、スプレーマムの下にスプレーデルフィニウムを挿しても良い。

02 さらに、右下の羽を濃い色花で引き立てる

水色のスプレーデルフィニウムの下に、青のスプレーデルフィニウムを挿し、面を埋めて白から青へのグラデーションを表現する。上部の羽のスプレーデルフィニウムは、左端から右下に延びる羽のラインを延長させたラインまで挿し、下部は右端のキクの位置に合わせてレザーファンの上まで挿す。

03 左下のスペースに明るめの葉物を挿し、奥行きを出す

左下の空間にゴッドセフィアナを挿す。前面は半分の長さに切ったものを前面に向けて挿し、左端は長めのものを祭壇の外にはみ出すように横向きに挿す。

04 白とグリーンの花材で、上品さを演出して完成

前面にコデマリを、左端に白のキンギョソウを挿し、動きを出す。キンギョソウは外側に向けて斜めに挿し、ボリューム感を出す。

左右両側を製作した場合のイメージ

PATTERN C（p.240）とPATTERN D（p.246）は、色花を使う場合の代表的なスタイル。PATTERN Dは、PATTERN Cの女性らしさとは打って変わって、男性色であるブルーの色花で仕上げました。PATTERN Cでは、両脇に挿したオンシジウムで横幅にボリュームをつけていますが、PATTERN Dでは同じ位置に白のキンギョソウを使用しています。より男性らしい雰囲気を作るためには、羽のフォルムをややシャープにするのも良いでしょう。

STEP5 ラインを交差させ、より複雑なデザイン

動きのあるクロスラインと印象的な点対称のラインデザイン

太いラインを交差させたり、点対称に近い形に色花をプラスしたりと、凝ったデザインが目を引くスタイル。これまで紹介してきた作品群より、デザインはやや複雑さがアップしています。

個性的なラインを際立たせるためのポイントは、「色花の使い方」です。p.254「カラーが異なるラインを使った『クロスライン』」では、黄色のラインの幅を広く取ることで、交差するラインのフォルムを強調しています。

p.264「カラーグラデーションと点対称のラインで魅せる」では、キクで取った点対称ラインの下に、色花のグラデーションをプラスし、印象的に仕上げています。

テクニック
01

複合的にラインを組み合わせる

クロスラインのデザインは、完成時は左右対称になり、2つのラインが交差します。花材の使用本数が多く、奥行き感と厚みが感じられる祭壇が完成します。

PATTERN B の色花を紫色にし、さらにポイント花のユリで印象づける。

テクニック
02

クロスさせる技術

製作手順は、手前の白いラインを先に、次に左奥、右手前と進めましょう。左奥を先に作ってしまうと、次に白いラインを作らないと右手前部分のスタートポイントが決められず、スムーズにつなげにくくなります。

テクニック
03

乱れとばらつきを防ぐ

白花で面を埋める太いライン、一定間隔を空けるキクのライン、花同士をつなげるカーブラインが混在。それぞれの花材の挿し位置や高さに留意し、形の乱れを防ぎましょう。

テクニック
04

重ねたラインと合わせる

下部のラインを強調するため、キクや色花は、隙間を空けず、前列の花と花の間に、はめ込むようにして挿しましょう。

カラーが異なるラインを使った「クロスライン」

クロスライン × キク× 洋花

流れるような滑らかさを強調した、
動きのあるデザイン

カラーが異なるラインを使った「クロスライン」 ▸完成サイズ：1間（1.8m）

クロスするラインの美しさを強調したモダンスタイル

近年になって作られるようになった、新しいデザインです。まだまだ発展途上のスタイルですので、今後製作方法は変化していくかもしれません。

このデザインのポイントは、中央で交差するラインをいかに目立たせるかということ。ラインのどちらかに色花を使うことで、２方向から延びてきたラインが交差していることが強調されます。もしどちらのラインも白花のみだとすると、単なる「×印」に見えてしまいますので、必ず一方のラインに色花を使いましょう。

使用花材数が多く、コストは高めです。予算やサイズを考慮して製作する必要があります。

使用花材

◎花物
キク（白）……70本
コギク（白）……10本
スプレーマム（白）……30本
カーネーション（白）……35本
カーネーション（黄緑）……48本
カスミソウ（白）……適量
◎葉物
レザーファン……適量

挿し方

01 フローラルフォームを縦置きにセッティングする

フローラルフォームを11個、縦置きにして並べる。

02 ラインを挿すための始点・頂点・終点を挿す

右端のフローラルフォームの右奥に、始点となる開きのキクをやや右に傾けて挿し、台上から花の先端まで40cmの高さにする。右から5番目のフローラルフォームの中央奥に、頂点となる開きのキクを、60cmの高さで真っすぐに挿す。左端のフローラルフォームの左端前方から3分の1後方に、終点となるキクをやや左に傾けて30cmの高さで挿す。終点のキクの花を上向きにするため、花首の曲がったキクを使い、斜めにしたときに花が上を向く方向で挿す。

03 ｜ 3点の間に等間隔に挿し、カーブを描く

始点から頂点までは、開きのキクで弧を描くように緩やかな曲線でつなぐ。頂点からは、徐々に前方にずらしながらキクを挿し、終点まで自然につなげる。

04 ｜ 内側に、太いラインの外形となるラインを挿す

内側のラインを作る。始点から4本は開きのキクを少しずつ前方に向けながら、1列目のキクとキクの間に挿す。5本目くらいから高さを下げながら、徐々に中開きにする。

05 ｜ 内側のラインと外形のラインをつなげる

左から4番目のフローラルフォームの右端に挿すキクは、開きがもっとも小さいものを使い、高さも低くして前に傾けて挿す。そこから再び高さを上げながら、左端の終点まで自然なカーブでつなげる。
さらに、右端の2本のラインの間にできた空間を埋めるため、外形のラインの5本目と6本目の間まで、3～4本開きのキクを挿す。

06 外側のラインの、花と花の隙間に２列目を挿す

白のカーネーションを使って、[04] で挿した２列目のキクの続きを挿し、外形の白いラインを強調させる。１列目の花と花の間に挿し、隙間を埋める。
カーネーションの代わりにスプレーマムやキクでも代用可能。外形ラインを強調する場合は、どの花材を使っても同じように見えるため、在庫状況に応じて花材を選ぶ。

07 同様に、３列目を挿す

２列目の前に３列目のカーネーションを挿す。２列目の花と花の間に挿し、隙間を埋める。

POINT

注意したいポイント

交差するラインを描くために挿し位置を意識する

ラインがクロスしているように見せるには、各パーツの挿し位置が重要です。白花のラインは、中央付近で厚みをつけているため、フローラルフォームの奥まで花材を挿します。左に進み、フォルムが細くなるにつれて手前に挿し、終点付近は、フローラルフォームの奥３分の２を空け、そのスペースに色花の左パーツを挿します。

08 | 異なる花材で グラデーションを構成する

外形のラインと内側のラインの間にスプレーマムを挿し、面を真っ白に埋めていく。半分程度までスプレーマムで真っ白な状態で埋めたら、コギクに切り替えて挿す。白い花の割合を減らすことで、白のグラデーションを表現する。内側全体を真っ白にしてしまうと、この後製作する、交差ラインとの違いが分からなくなってしまうため、内側に入れすぎないようにして、しっかりメリハリをつける。

09 | 左上から、右下への ラインを取る

左端のフローラルフォームの左奥に、交差するラインの始点となる開きのキクを真っすぐに挿し、60cmの高さにする。2本目以降は徐々に高さを下げて、外形のラインに花が半分隠れる位置まで、等間隔に5本挿す。最後の6本目は、55cmの高さにする。

10 | 左上のラインを右下へと つなぐための始点を挿す

左上からスタートしたラインが、白花の太いラインの後ろを通って前面につながっていると想定し、右から５番目のフローラルフォームに中開きのキクを挿す。白花の内側のラインのキクよりも花一つ分高さを下げ、奥側に埋め込むように挿すと良い。白花のラインよりも高さが出たり、前面に出すぎてしまうと、左奥からのラインとのつながりがなくなってしまうので注意する。

11 | 右端の花に、 弧を描くようにして挿す

［10］で挿した中開きのキクから、右端の始点に向かってラインをつなげる。一旦ラインは下げるが、左のラインの下部よりも下がらないようにする。

12 | 左上から右下のラインに 厚みを持たせ、強調する

左上から右下に延ばしたラインに、２・３列目を挿し、［11］で挿した中心から右端までのラインにも２列目を挿し、白さを強調する。左上のラインは２列目にキクを、３列目にスプレーマムを使用。中心からのラインには、白のカーネーションを使用した。

13 左上から右下のラインに色花を挿し、華やかさを出す

左上から右下のラインと、中心から右端までのラインに、黄緑のカーネーションを等間隔に挿す。前列の花と花の間に、隙間を空けずに挿す。色花はトルコキキョウ、スイートピーなどで代用も可能。ピンク、紫など、故人が好きだった花色を使うと良い。

14 色花を3列目まで挿す

続けて2、3列目に黄緑のカーネーションを挿す。前列の花と花の間に等間隔に配置する。下段に進むにつれ、花色は濃く、花のサイズは大きくする。下段に進んでも、ラインが前面に出ないよう、下に向かうにつれて奥側に挿す。

15 最下部に葉物、花との隙間に小花を挿して埋める

フローラルフォームの前面にレザーファンを挿す。さらに、レザーファンの上にカスミソウを挿して完成。花の間に入れても良いが、列同士の隙間を空けずに挿しているため、花の下に入れる。
交差するラインの間にある空間には、ユリ、カトレアなど大輪系のポイント花を入れる。

POINT

注意したいポイント

入り口と出口の高さに注意！

黄緑のラインが白いラインの奥を通過しているイメージ。右下のラインが奥に入るポイントと、左上から出てくるポイントを結んだときに、自然な軌道になるようにすることが大切。位置がずれると、ラインがつながっているように見えなくなってしまいます。

左右両側を製作した場合のイメージ

左右両側を並べると、交差する黄緑と白のラインがリボンのように見え、印象的な仕上がりに。前後２本のラインのどちらかに色花を使い、交差しているように見せています。交差するラインの内側にできた空間には、ポイント花をグルーピングして配置しましょう。

色花は黄緑のカーネーションを使いましたが、女性であればピンク、男性であれば青や紫の色花を使っても良いでしょう。より色合いを強調したい場合は、色花の密度を濃くする必要があります。ただし予算によって、使用する色花の花材数は異なり、当然色花の濃度も変わります。

カラーグラデーションと点対称のラインで魅せる

点対称ライン × キク × 洋花

流れるような滑らかさを強調した、
動きのあるデザイン

グラデーションと点対称のラインで魅せる ▶完成サイズ：2 間（3.6m）

ゆったりと流れるカーブラインと色花のグラデーションで魅せる

「横流し」のデザインを組み合わせた点対称の祭壇です。厳密には対称ではありませんので、挿し位置を正確に合わせる作業は少ないのですが、グラデーションの濃度やラインの数を合わせて、左右のバランスを取る必要があります。

このデザインの最大の特徴は、色花のグラデーションで見せる、ゆったりとしたカーブラインです。このラインの流れを切って、お骨や位牌を置くスペースを空けてしまうと、イメージがまったく変わってしまうので注意しましょう。置く際は、中心の奥に専用スペースを作るようにします。

使用花材

◎花物
キク（白）……133 本
スプレーマム（白）……25 本
カーネーション（白）……70 本
カーネーション（黄緑）……80 本
◎葉物
レザーファン……適量

挿し方

01 | フローラルフォームを縦置きにセッティングする

フローラルフォームを 22 個、縦置きにして並べる。

02 ６列のラインの始点と中心点、頂点、終点を挿す

右から 11 番目のフローラルフォームの左奥に、中心点となる開きのキクⒶを、花が全体の中心に位置する向きで挿し、台上から花の先端まで 35cm の高さにする。左端から７番目の右奥に１列目のラインの始点となる開きのキクⒷを、右端から６番目の右奥に頂点となる開きのキクⒸを、それぞれ真っすぐに挿し、60cm の高さにする。右端のフローラルフォームの右奥に、終点となる開きのキクⒹをやや右に傾けて挿し、35cm の高さにする。左端から２番目の左端の縦幅半分後ろに、６列目のラインの始点となる開きのキクⒺを挿し、35cm の高さにする。ⒷからⒺまで、花一つ分程度下げながら、等間隔に４本、開きのキクを挿す。

03 左側の１～６列目を、Ⓐ点とつなげていく

１列目始点Ⓑから中心点Ⓐまで、開きのキクで弧を描くように緩やかな曲線でつなぐ。中心点Ⓐから、２番目と３番目のキクの間に、２列目の終点となる蕾のキクを１本挿す。２列目の始点まで、等間隔でキクを挿し、左に向かうにつれ、蕾→中開き→開きにしていく。３列目以降も同様に、終点の目安を挿してから列をつなぐ。６列目は始点Ⓔから中心点Ⓐに向かって、４本のラインの終点の脇を通し、カーブを描きながら開きのキクを挿す。

04 Ⓒ点とⒶ点をつなげ、ラインを挿す

［03］で挿した6列目のカーブと、反対向きのカーブを描くようにして、中心点Ⓐから頂点Ⓒに向かってキクを挿す。さらに、終点Ⓓまで緩やかなカーブを描きながら、つなげる。

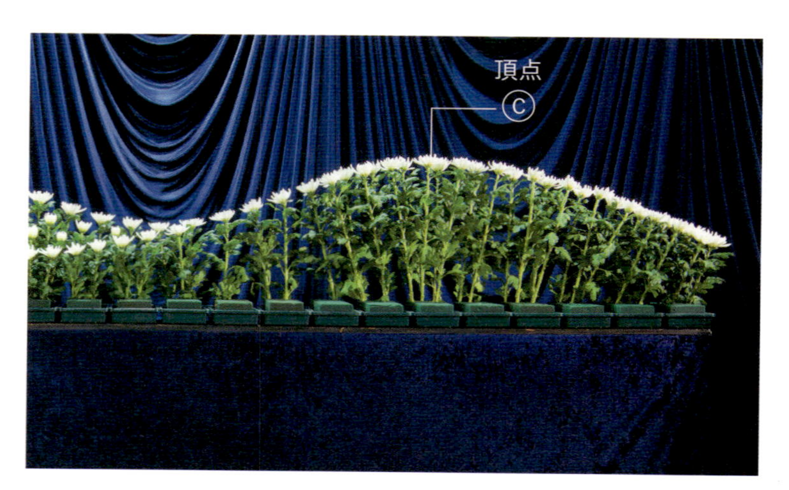

05 2列目を、花と花の隙間に挿す

2列目は、1列目の花と花の間に、開きのキクを挿し、白いラインを強調する。頂点Ⓒから左側は、キクを左に傾けて挿し、7個目のフローラルフォームの左端で挿し止める。

06 3・4列目を挿していき、ラインを濃くする

3・4列目はスプレーマムを挿す。中心に向かうにつれて、ラインの幅を細くするため、3列目は6個目のフローラルフォームまで挿し、4列目は、3個目のフローラルフォームまで挿す。4列目は3列目よりも、開花していないスプレーマムを使う。

07 右側に、ラインの終点となる5本を挿す

右側に、2列目から6列目までの終点の目安として、開きのキクを等間隔に挿す。2列目終点のキクは、やや右前面に向け、中心に向かうにつれて徐々に前面に向け、高さを低めに抑える。6列目の終点は、右から7番目のフローラルフォームの右前に挿す。1列目始点Ⓑと頂点Ⓒは、同じ高さにしておくのがポイント。この2点の高さが合っていないと、全体のフォルムが崩れてしまう。

08 中心から終点をつなげ、ラインを作る

開きのキクを使い、一番下の6列目終点Ⓔと中心部をつなげる。右端から9番目のフローラルフォームの後方左端に、右側の外形のラインに沿わせるように、開きのキクを真っすぐに挿し、6列目終点Ⓔまでカーブさせてつなぐ。左端から延びる6本のラインが中心に集まり、また右の終点に向かって分かれるというイメージをキープし、左右のバランスを取る。左のラインが6本なら、右も6本で揃える。

09 同様に、5列目のラインを挿す

5列目は、中心側に蕾を使い、終点に向かって徐々に開きのキクを使ってつなぐ。右端からスタートした6列がずっと続くのではなく、中心に向かうにつれて、消えていく雰囲気を出す。

10 さらに2～4列目を挿す

2～4列目も同様に、中心側は蕾を使い、終点に向かって徐々に開きのキクでそれぞれのラインをつなぐ。

11 花材を替え、ラインに厚みを出して強調する

6列目の下に、白のカーネーションを挿し、白いラインを強調する。

12 3列分を挿し終えたら、最下段に葉物を挿す

さらに白のカーネーションを2列挿す。カーネーションがない場合はスプレーマム、またはキクでも良い。その後、フローラルフォームの前面にレザーファンを挿し、フローラルフォームを隠す。

13　花と花の隙間に、色花を２列挿していく

[12] で挿した白のカーネーションの花と花の間に、淡い黄緑のカーネーションを２列挿す。

14　中心から右側部分を色違いの花材で埋めて完成

中心から右側の、淡い黄緑のカーネーションの茎が見えている部分に、濃い黄緑のカーネーションを挿し、茎を隠す。一番下を濃い黄緑にすることで、厚みとボリュームが演出できる。

POINT

注意したいポイント

カーネーションをさまざまなシーンで使いこなす

　ここでは白のカーネーションを使って、白いラインに厚みをつけていますが、開きのキク、スプレーマムでも代用可能です。

　また、色花のグラデーションにもカーネーションを使用しました。カーネーションは安価で日持ちが良く、カラーバリエーションも多く、使い勝手の良い花材。色はグリーン→黄色→クリーム色のグラデーションでも良いでしょう。カーネーション以外では、トルコキキョウやスターチス、冬の季節ではスイートピーなどでの代用も可能です。花材を密に挿さずに、均等に間隔を空ければ、予算を抑えることができます。

STEP6　S字に変化させ、よりバリエーションを広げる

高いテクニックが求められる
シンプルなコンビネーションデザイン

S字のラインが印象的な点対称デザインをベースに、左右片側ずつデザインを変化させ、4つの曲線デザインパターンを製作しています。

左右でデザインが異なりますが、左右の両端や頂点の花材の位置や高さを揃えておけば、バランスが崩れることはありません。

どのデザインも、シンプルでやさしそうですが、キクの花の大きさ、挿す角度、高さ、ラインの流れなど、挿しながらチェックすべきポイントが多いため、難易度は高めです。しかしながら、p.304「6本のラインで作る、上品なS字デザイン」は使用本数が少なく、原価を抑えられる有効なスタイルであるため、テクニックをマスターして取り入れたいデザインです。

テクニック
01

S字のライン

ピンポンマムで外形のラインを挿した、点対称のデザイン。内側2本のラインの間をあえて空けることで、ラインのデザインを強調しています。

コンパクトなサイズにしてもまとまりが良く、汎用性が高いスタイル。

テクニック
02

曲線と面のコンビネーション

面を埋めるデザインと、巻き込む６本のラインデザインとの組み合わせ。曲線ラインの内側はポイント花を挿す場合や、位牌やお骨を配置する場合があります。

テクニック
03

「横流し」とのコンビネーション

巻き込むラインと、「横流し」との組み合わせです。右側の「横流し」のラインの数を増やしてサイズを大きくし、左右非対称に仕上げることも可能です。

テクニック
04

巻き込むラインと消えゆくラインの組み合わせ

左側の巻き込むラインに、消えゆくラインを組み合わせたデザイン。左右６本ずつのラインで構成されていますが、それぞれのポイントに適したサイズと開き具合の花材を、適した位置に挿すことが大切。すべてを乱れなく配置することによって、調和の取れたＳ字ラインに仕上がります。

STEP6
PATTERN
A
バランスが重要な、左右非対称の
美しいS字ライン
S字ライン × キク× 洋花
白からピンクのグラデーションと
ピンポンマムの二重のカーブラインで表情を出す

バランスが重要な、左右非対称の美しいＳ字ライン ▶完成サイズ：2 間（3.6m）

ピンポンマムのカーブラインに表情をつける応用テクニック

ここまではキクを主体にした祭壇を中心に紹介してきましたが、この祭壇は応用デザインとして、ピンポンマムで外形のラインを挿します。ピンポンマムの利点は、どこから見ても花が丸く、向きを気にせず挿せることと、キクのような開花調整が必要なく、入荷後すぐに使えること。ピンポンマムのラインは、太くはっきりとした白線になるため、細やかなニュアンスが出しにくいのですが、内側のラインを二重にして緑の部分を見せ、表情をつけました。

左右非対称の祭壇は、高さ、花色、ラインの重さ、ボリューム感など、すべてにおいて左右のバランスを取ることが大切。始点、頂点、外側点といったポイントを左右で揃えると、バランスが取りやすくなります。

使用花材

◎花物
ピンポンマム（白）……140 本
スプレーマム（白）……50 本
コギク（白）……40 本
カーネーション（濃ピンク）……24 本
カーネーション（薄ピンク）……60 本
カスミソウ（白）……適量
◎葉物
レザーファン……適量

挿し方

01 フローラルフォームを縦置きにセッティングする

フローラルフォームを 22 個、縦置きにして並べる。

02 左右両側の頂点と外側点を設置する

左右端のフローラルフォームの奥に、それぞれ外側点となるピンポンマムⒶ、ピンポンマムⒹを外側に 45 度傾けて挿し、台上から花の先端まで 20cm の高さにする。右端から 5 番目のフローラルフォーム中央奥（右端から 30cm）と、左端から 8 番目のフローラルフォームの中央奥に、頂点となるピンポンマムⒷ、Ⓒを真っすぐに挿し、50 ～ 55cm の高さにする。

03 左頂点と終点をつなげ S字ラインを作る

左頂点Ⓒから徐々に高さを低くしながら ピンポンマムを均等に挿し、左の外側点Ⓓにつなげる。さらにⒹから、花ひとつ分ずつの高さを下げながらカーブさせて、ピンポンマムを4本挿し、外形のラインを完成させる。終点のピンポンマムⒺは、左端のフローラルフォームの右前面に挿し、前に傾ける。

04 左頂点と右頂点を、カーブさせながらつなげていく

左頂点Ⓒから斜め左方向に、徐々に高さを下げながら、5本挿す。初めは外形のラインに沿わせ、徐々に外形のラインから分岐し、高さを下げながら手前に挿す。6本目からは、右方向にカーブさせながら高さを下げて均等に挿す。中央左寄りに挿す2本を、もっとも低い高さの20cmにする。そこから徐々に高さを上げながら、均等にピンポンマムを挿して右頂点Ⓑにつなぎ、[03]で挿した左の外形ラインと形を合わせて、右の外側点Ⓐにつなぐ。さらにS字状になるよう、Ⓐから左にカーブして4本挿し、右端のフローラルフォームの右手前を終点にする。

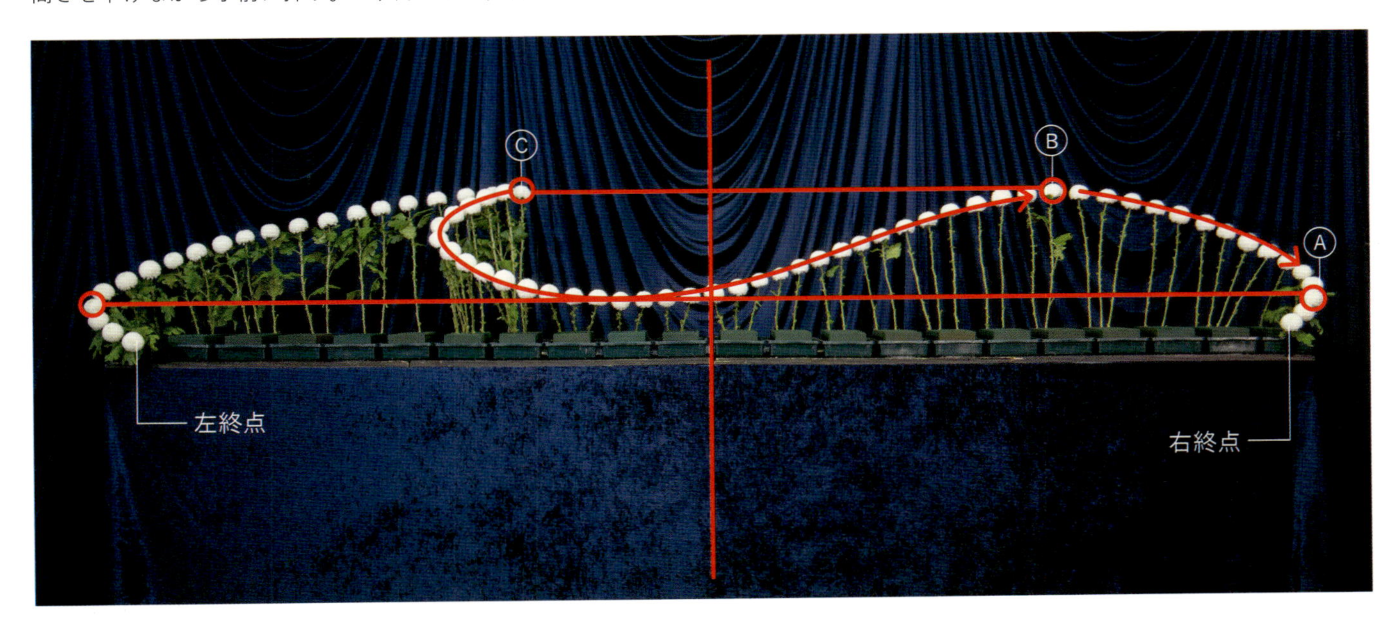

05 左頂点から中央部分まで、外形ラインに沿わせながら２列目を挿す

左側の外形のラインの内側に、Ｓ字ラインを作る。左頂点Ⓒから３本目と４本目のピンポンマムの間に１本挿し、１列目との隙間を空けながら２列目を挿す。５本挿し終えカーブを越えたら、徐々に１列目との隙間を狭くする。

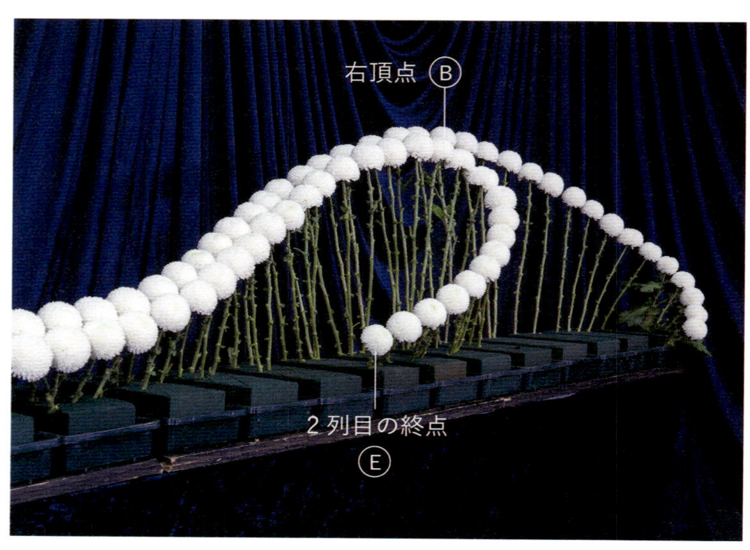

06 中央部分と右頂点をつなぎ、Ｓ字ラインを作る

右側の２列目のカーブは、１列目に揃える。１列目の右頂点Ⓑの手前まで挿したら、方向変換させてカーブを作り、徐々に高さを下げ、右から８番目のフローラルフォームのやや左前に、２列目の終点となるピンポンマムⒺを挿す。

07 右側のカーブラインに、隙間を作りながら2列目を挿す

外形のラインと、内側のS字ラインの分岐にピンポンマムを挿し、[06] のS字ラインに沿わせて、隙間を空けながら2列目を挿す。

08 左右にできたラインの内側の空間を埋めていく

左右ともに外形のラインと、内側のラインの間にできた空間にスプレーマムを挿し、徐々に緑の割合を増やしてグラデーションをつける。

09 花材を替えてグラデーションを作る

上半分にスプレーマムを挿したら、コギクに替えて挿し、白のグラデーションを表現する。ピンポンマムの茎が見えるS字カーブの内側に、レザーファンを挿す。

10 最下部に葉物を挿す

フローラルフォームの前面にレザーファンを挿し、フローラルフォームを隠す。この状態で完成として、終了しても良い。

11　色花の濃淡で グラデーションにする

［10］からコギクを抜き、薄いピンクのカーネーションを均等に２列挿す。２列目は１列目の花と花の間に挿す。

12　濃い色花を２列分挿す

薄いピンクのカーネーションの下に、濃いピンクのカーネーションを均等に２列挿す。２列目は１列目の花と花の間に挿す。

13　さらに濃い色合いの花で グラデーションを作る

さらに濃いピンクのカーネーションを均等に１列挿し、濃いカーネーションの花と花の隙間に、カスミソウを挿す。右側のカーブの内側にはポイント花を加え、中心には位牌を配置する。

STEP6
PATTERN
B

キクの曲線と組み合わせて 引き立つＳ字ライン

Ｓ字ライン × キク× 洋花

キクの花の一つひとつが存在感を放つカーブラインと
色花グラデーションの組み合わせ

キクの曲線と組み合わせて引き立つS字ライン ▶完成サイズ：1間（1.8m）

色花のカラーグラデーションと曲線を組み合わせる

PATTERN A（p.276）の右側を残し、左はキクで6本の曲線を描いています。キクでつなげたラインは、外形のラインの内側を白く埋めるデザインとは異なり、花一つひとつの存在が目立つため、ごまかしが利きません。列同士の隙間は均一にし、6本のラインが中心に向かって一つになるよう、花は開きから蕾へ自然に小さくしながら挿していきます。ラインとラインの間隔は、「拳一つ分」程度。それ以上空いてしまうと、寂しい雰囲気になってしまいます。バリエーションは無限にあり、使用本数が少なく原価が抑えられますが、技術的な難易度はやや高めです。

使用花材

◎花物
キク（白）……110本
ピンポンマム（白）……80本
スプレーマム（白）……30本
カーネーション（濃ピンク）……12本
カーネーション（薄ピンク）……27本
カスミソウ（白）……適量
◎葉物
レザーファン……適量

挿し方

01 | PATTERN Aの右側を使用し左側に頂点を設置する

左端から6番目のフローラルフォームの中央奥に、開きのキクで頂点Ⓐを右側の頂点と同じ位置、高さ（50～55cm）に挿す。

02 | 左側の頂点から左の外側点へ外形ラインを挿す

左端のフローラルフォームの、前方から3分の1奥の中央に中開きのキクⒷを、やや左に傾けて30cmの高さで仮に挿す。ⒶからⒷまで、緩やかな曲線になるようにつなげ、外形のラインを作る。Ⓑの位置は目安なので、挿しながら形を整える。

03 中心方向へ、扇形に緩やかなカーブを作る

Ⓐから右に、フローラルフォームを２つ使って４本キクを挿し、外形のラインを決める。Ⓐから左のラインは緩やかな曲線、Ⓐから右端のⒸまでは、左よりややきつめの曲線になる。初めに頂点Ⓐの位置を決め、Ⓑにつなぐ外側、Ⓒにつなぐ内側の順で挿していくと、形が作りやすい。

04 左の外側点から、等間隔に各ラインの外側点を設置

外形ラインの内側に、Ⓑと同じ高さの開きのキクを、等間隔に挿す。挿し位置は、左端から２番目から６番目のフローラルフォームの左端前後中央。これらの１列目～５列目のキクが、各ラインで一番張り出す外側点となる。

05 外形のラインと、各列の外側点をつなげる

［04］で挿した1列目外側点とⒸを、自然なカーブでつなぐ。外側点は開き、Ⓒは中開きのため、Ⓒに向かって徐々に花を小さくし、自然につなげるようにする。2～5列目も、1列目のⒸのラインと形と間隔を揃えながら、外形のラインとつなげる。

POINT

注意したいポイント

外側点を挿して、列同士の間隔を一定に保つ

一番外に張り出している1列目～5列目の外側点と、上部の外形のラインをつなげたら、次に下部のラインをそれぞれつなぎます。1列ずつラインを完成させていくと、列同士の空間を一定にするのが難しく、途中で空間が足りなくなることがありますが、全列を途中まで挿しておけば、後で調整する必要はなくなります。

06 1列目の外側点と、中心をつないでラインを作る

1列目外側点と、中心点のⒹを中開き→三分咲きのキクでつなげる。Ⓓを中心に、右側の内側のラインと点対称になるよう、形を揃える。

07 左側の残りの列もつないでいく

2列目以降も、1列目のラインの形に合わせて、中心に向かってカーブさせながらキクを挿す。キクは、中央に近づくにつれて、蕾にしていく。中開き→蕾のキクでラインを挿すのは、繊細な印象を作るため。開きのキクを使うと、花が大きすぎて繊細さが出せず、蕾ばかりではラインが貧弱に見えてしまう。

08 内側のラインを挿し、列を増やす

内側の４本のラインを挿し終えたところ。２列目のラインは終点まで８本、３列目は６本、４、５列目は５本挿す。２～５列目の上部から各外側点までは、開き→中開きのキクを使い、それぞれ縦方向に隙間が空かないように詰めて挿す。縦方向に隙間が空くと、キクの花一つひとつが「点」になり、ラインが見えなくなってしまう。一方、各外側点から下部は、中開きから蕾のキクを使い、徐々に隙間を空けながら挿し、ラインが消えていくイメージにする。

POINT

注意したいポイント

ラインの先端となる蕾の花材から挿す

２～５列目のカーブの外側点から中心に向かって、それぞれのラインを挿す際、中開きのキクから徐々に花を小さくし、それぞれの終点には蕾を使います。挿す位置と花の大きさの目安として、先に終点に蕾のキクを挿しておくと、作業がしやすくなります。終点に挿した蕾のキクに向かって、花を徐々に小さくしていきましょう。

09 外形のラインを製作していく

一番外側のラインは、中心に向かって、カーブをつけながら挿す。一番外のラインに蕾にキクを使うと、徐々に消えていく印象になるため、中開きを使いラインを強調する。全列挿し終えて、1～5列目と一番外側のラインの間に隙間があるようなら、グリーンの部分に蕾のキクを挿して隙間を埋める。

10 中心点に合流させすべて挿し終えて完成

右側のピンポンマムの2列目に、合流させたら完成。

STEP6
PATTERN
C

「巻き込むライン」と「流れるライン」をつなげたデザイン

S字ライン × キク

白いラインの流れと動きが際立つ
シンプルさが美しいパーツ

「巻き込むライン」と「流れるライン」をつなげたデザイン

▶ 完成サイズ：2 間（3.6m）

「巻き込むライン」と「流れるライン」の
バランスが美しいシンプルスタイル

PATTERN B（p.286）の左側を残し、流れるようなラインのフォルムを強調したシンプルなスタイルです。左右の頂点の高さ、左右の外側の点の高さや角度を揃えることで、左右非対称ながらもバランス良く仕上げることができます。中心点から右側に延びるラインは、左側に合わせて6本展開させていますが、左右非対称のスタイルですので、さらに増やしても構いません。

上段に合わせる遺影まわりは、左右非対称でも左右対称でも構いません。ただし、下部が左右非対称で上部が左右対称の場合、デザインによってはアンバランスになることもあるので、注意が必要です。上が左右非対称で下が左右対称の場合は、特に問題ありません。

使用花材

◎花物
キク（白）……開き・120 本
キク（白）……中開き・30 本
キク（白）……蕾・30 本

挿し方

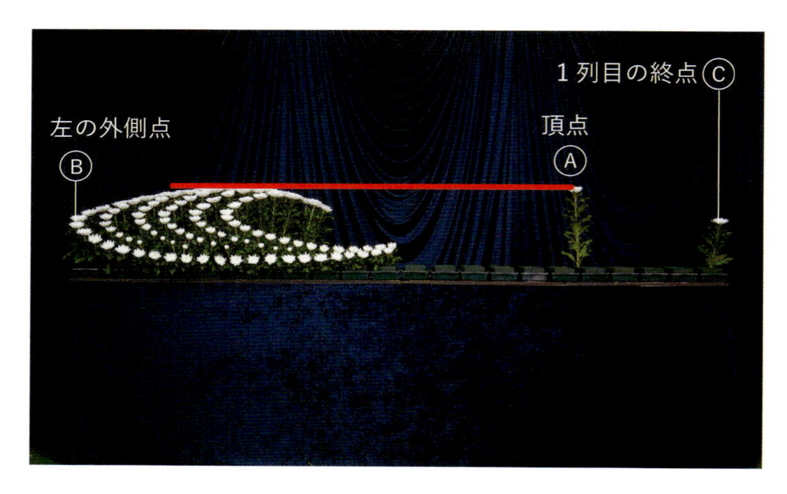

01 PATTERN B（p.286）の完成形の左側を使用し、右側に頂点と終点を挿す

左側の頂点と同じ位置、高さ（50 ～ 55cm）になるよう、左端から5番目のフローラルフォームの左奥に、右側の頂点となる、開きのキクⒶを挿す。左の外側点Ⓑに合わせて、右端のフローラルフォームの前方から3分の2奥の右に、1列目の終点となる、開きのキクⒸを挿す。

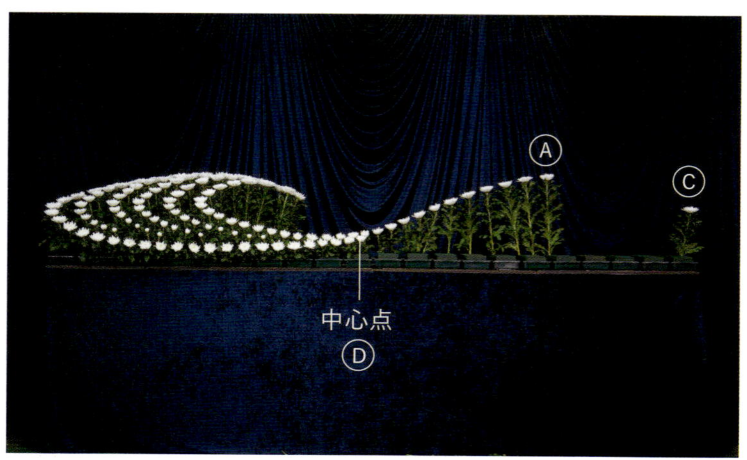

02 途切れている中心点から、右側の頂点をつなげる

Ⓐと中心点Ⓓを、緩やかな曲線になるようにつなげ、外形のラインを作る。Ⓐから中心に向かって、高さを下げながら、挿すと形が作りやすい。挿す際は花を回し、花が左に傾く向きにすると良い。

03 | 右側の頂点から終点をつなげ、ラインを挿す

Ⓐから©までをつなぐ。Ⓐから中心までとは逆に、花を回して右に傾く向きで挿していく。

04 | 最下部のラインを作るため、終点を設定する

Ⓐの手前に、短めにカットした開きのキクⒺを、やや手前に傾けて挿す。

05 | 中心点と終点をつなげ、最下部のラインを取る

Ⓔと中心点Ⓓを、緩やかな曲線になるようにつなげ、最下部のラインを作る。やや前方に傾けたⒹから徐々に花が横向きになるように挿し、カーブの頂点を越えたあたりから、徐々に花が前方に向くように傾け、Ⓔにつなげる。p.289 の PATTERN B［04］と同様、この時点で、5列分の終点それぞれを挿しておいても良い。

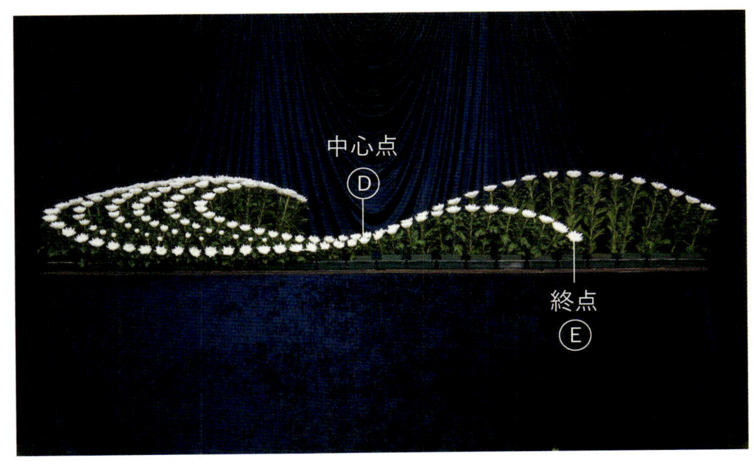

06 右側の内側のラインを作っていく

右端から２番目のフローラルフォームの、前方から３分の１奥の中央に、２本目のラインの終点として、開きのキクⒻを挿す。頂点のキクⒶと、その左隣のキクとの間に、Ⓐと同じ高さで蕾のキクⒼを挿し、徐々に中開き→開きにしながら、Ⓕにつなげる。

POINT

注意したいポイント

滑らかに流れるような美しいラインにするポイント

右側ラインの中心から終点までの軌道は、奥側は横方向に動き、ラインが手前になるにつれて、斜め前方に移動します。前方のライン同士の隙間を、奥のラインと同じ幅で取ってしまうと、ライン同士の隙間が奥側に比べ広く見えてしまいます。ライン同士の隙間は、奥を広めに、手前は狭く取り、正面から見たときに「拳ひとつ分」になるよう調整します。これ以上ラインを近づけると、列が詰まったように見え、各ラインの印象も薄くなってしまいます。

挿す際の花のセレクトも非常に大切です。各列の終点を開きにし、五分咲き→三分咲き→蕾と、徐々に小さくし、中心で消えていくイメージで挿しましょう。

07 | 同様にして、内側に ラインを挿していく

３本目のラインも［06］と同様に挿す。

08 | 内側に４本分のラインを 取り終えたら、完成

４・５本目も同様に挿したら、完成。各ラインの終点同士の間は、拳一つ分の隙間を空ける。中央部分にお骨、位牌を配置するが､囲むようにして洋花を入れても良い。キクの茎が見える部分にも、男性色や女性色、好みの色の花材を加えてアレンジする。

STEP6
PATTERN
D

6本のラインで作る、上品なS字ライン

S字ライン × キク

滑らかさと大胆さを併せ持つ
キクのみで表現するラインデザイン

6本のラインで作る、上品なS字ライン ▶完成サイズ：2間（3.6m）

花材のセレクトが重要な
左右6本のカーブライン

左側のパーツを残し、右側の頂点や右の外側点までつなげた、PATTERN B（p.289）のプロセス［03］からスタート。左右で展開する6本のカーブラインを強調させたスタイルです。左側は、上部のラインから6列のラインが派生し、カーブしながら中心で1本に。右側は1本だったラインが中心から外に向かうにつれて6列に分かれ、カーブの先でそれぞれが消えていきます。作りやすさのポイントは、［03］で各ラインのカーブの転換点を挿しておくかどうか。このポイントを挿しておくだけで、列同士の間隔、終点への軌道が測りやすくなります。

また p.296『巻き込むライン』と『流れるライン』をつなげたデザイン」と同様、ラインが終点に向かうにつれ、五分咲き→三分咲き→蕾と徐々に小さくしていく花材のセレクトが重要です。

使用花材

キク（白）……開き・130本
キク（白）……中開き・50本
キク（白）……蕾・45本

挿し方

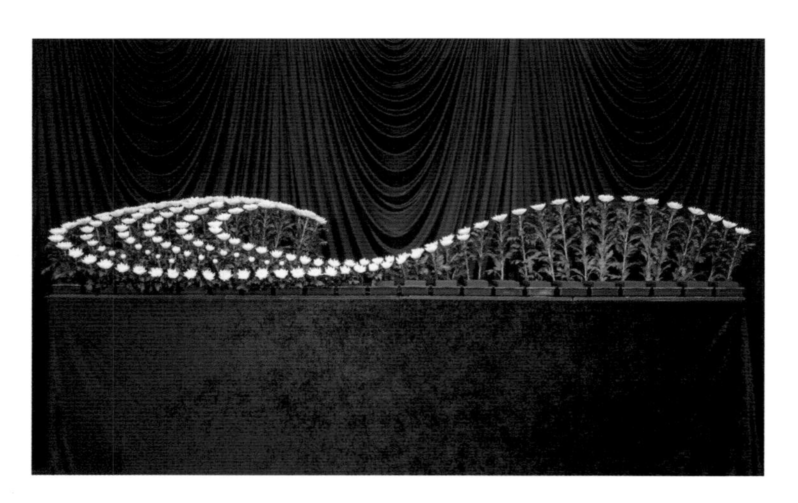

01 PATTERN B（p.289）の［03］の形を活用する

左側の最下部のラインは、左端から14番目のフローラルフォームの、左側に挿したキクまでを残しておく。

02 左側のもっとも内側のラインの線対称でライン取りをする

［01］からさらに4本、外形のラインに沿って、開きのキクを挿す。4本目のキクⒶを頂点にして、左前にカーブさせながら、キクを挿す。花はⒶから徐々に、開き→中開きにしていき、少しずつ前方に傾ける。右端から9番目のフローラルフォームの左前に、蕾のキクを挿して終点にする。

03 PATTERN B で製作した左側と同様に挿す

右端は、キクⒷから左前にカーブさせながら、右端から２番目のフローラルフォームの左前まで、キク５本を挿す。花はⒷから開き→中開きにしていき、徐々に前方に傾け、終点には蕾を挿す。外形と内側のラインの間に４列ラインを作る。目安として、外形ラインと内側のラインの間に１～４列のガイドとなる、キク４本を等間隔に挿す。

04 左側と点対称に、ガイドを経由してラインをつないでいく

右端から６番目のフローラルフォームに、２列目の１本目のキクⒸを挿す。そこから［03］で挿した２列目のガイドに向かって、［02］で挿した内側のカーブの形に合わせてキクを挿す。花は開き→中開きにしていき、徐々に前方に傾け、終点には蕾を挿す。

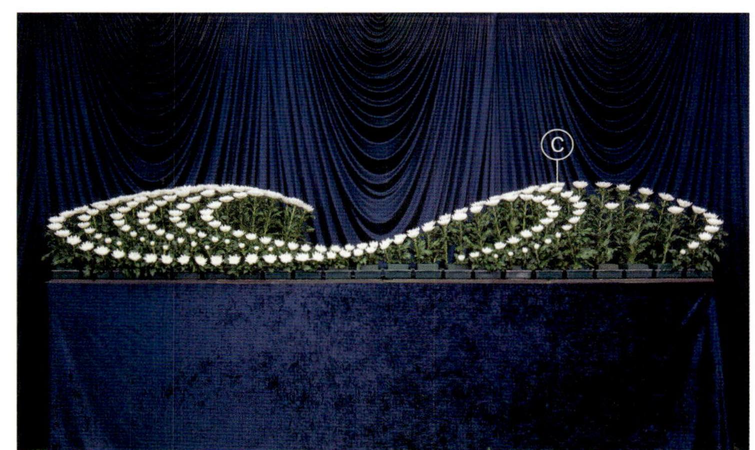

05 外形と内側のライン内に４本のカーブラインを挿す

３列目以降も同様に挿し、外形のラインと内側のラインの間に計４本のラインを作る。左右それぞれのカーブの内側に、洋花を入れたら完成。次の［06］で、左右中心に向いているラインの先端を、さらに中心に向けて延ばしても良い。

06 中心とクロスさせるように、点対称でライン取りをする

右側内側のラインの終点Ⓓと、左側外形のラインⒺが中心を通ってつながっているような雰囲気にするため、Ⓓの左に、蕾のキクを３本挿す。２～６列目の終点の先にも３本ずつ蕾のキクを挿し、形を整える。左側の外形のラインは２列になっているため、Ⓔの右側には、各列３本ずつ計６本挿す。完成後、キクの葉が花にかぶっていないか、花のサイズの変化がスムーズか、花同士が重なっていないか、などをチェックし、必要に応じて修正する。

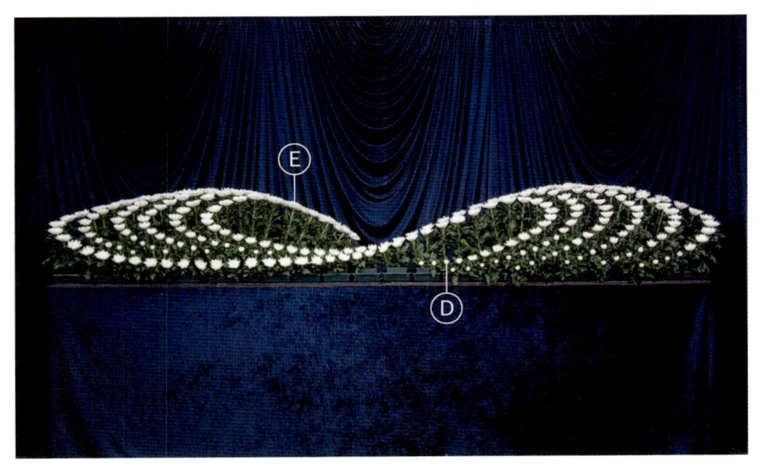

STEP7 大きさが異なるラインで、バリエーションを広げる

安定感や統一感が出しやすく汎用性の高いデザイン

大きさが異なる複数のラインパーツを、上下で重ねたデザインで、実際の葬儀式で多用されています。上下のパーツデザインに関連性があるため、まとまりの良さが際立ち、統一感が演出しやすいことが特徴です。

上部のパーツを小さく、下部のパーツを大きくして下部に重心を置くことで、安定感と遠近感、奥行き感、ボリューム感が出せます。パーツの数やサイズを変えれば、大型祭壇の製作も可能です。

テクニック
01

諸条件に合わせてデザインを変化

PATTERN A (p.312) は上下２段で一体型となったパーツです。白木祭壇や会場のスペースに合わせ、デザインやサイズを変えて製作します。

複数ライン、Ｓ字ラインなどを複合的に組み合わせた左右対称デザイン。ピンク系の色花で女性らしく仕上げる。

テクニック
02

グラデーションで面を埋める

ラインの内側は、白花もしくは色花でグラデーションをつけ、面を埋めます。色花を使う場合は、上に白花、下に色花を使い、最下部を濃い色合いに。予算に応じて花同士に一定の間隔を空け、隙間はカスミソウなどで埋めます。白花のみなら、上を濃く下を薄くします。

テクニック
03

枝物や色花でボリュームアップ

祭壇上部スペースに立ち物の枝物や色花を入れると、ボリュームが出ます。立ち物がない場合はやや小さく見えますが、すっきりした印象に。加えるかどうかは、葬家の希望や会場の条件によって判断します。

テクニック
04

美しい曲線を生かす工夫

曲線の内側の空間に洋花を入れる場合は、必ず洋花とキクのラインの間に、一定の空間を空けて緑の部分を見せて、ラインのフォルムを際立たせます。

大小のラインを組み合わせた、複数ラインのスタイル

複数ライン × キク

奥行き感と立体感が感じられる
応用デザインのもととなる基本パーツ

大小のラインを組み合わせた、複数ラインのスタイル

▶ 完成サイズ：1 間（1.8m）× 2 段

多くのラインデザインのもとである 基本のスタイルをマスター

さまざまなスタイルに応用が可能な、複数ラインのデザイン。2段重ねただけの基本形は、下のラインの下にポイント花のカトレアや葉物を入れて仕上げます。ラインデザインの一つひとつを花びらに見立て、重ねて左右対称にすると、花弁をゆったりと広げたハスの花の祭壇に。ひとつのスタイルから、自分なりの応用デザインができるようになると、製作スタイルの幅が広がります。自分が作りたいラインの軌道を取ることができるか、ラインの長さや高さ、祭壇のサイズに対するグラデーションの幅、配色などの目安がつけられるか、的確な判断ができるようになるのが理想です。

使用花材

◎花物
キク（白）……開き・70 本
キク（白）……中開き・10 本
スプレーマム（白）……50 本
カーネーション（白）……20 本
コギク（白）……40 本

挿し方

01 フローラルフォームを縦置きにセッティングする

フローラルフォームを 11 個、縦置きにして 2 段並べる。2 段にしているため、1 段のパターンよりもボリュームが出せて見栄えが良くなる。フローラルフォームの数が増えるため、使用する本数も多くなる。

02 右上の小さなラインから製作していく

上段右から 2 番目の、フローラルフォームの中央奥に、開きのキクⒶを挿し、角度をつけながら、右から 4 番目のフローラルフォームの中央奥まで、弧を描くように 7 本挿す。

03 曲線の外形ラインを挿す

Ⓐから斜め左方向に、徐々に高さを下げながら４本挿す。初めは外形のラインに沿わせ、徐々に外形のラインから分岐し、高さを下げながら手前に挿す。
５本目からは、花ひとつ分ずつ高さを低くし、右方向にカーブさせる。また、徐々に花を前に傾け、花の顔を見せるようにし、右端のフローラルフォームの右手前まで挿して１列目を終える。花は初めは開き、徐々に中開きにし、終点の三分咲きまで自然に小さくしていく。

POINT

注意したいポイント

間隔が狭くなる部分は葉を落とす

カーブの繊細なラインを美しく見せるには、花の大きな開きのキクではなく、花が小さめの中開きのキクを使う必要があります。花が小さいためキクを密集させて挿すことになり、キクの葉が邪魔になってきます。余計な葉は、その都度落としながら挿すようにしましょう。

04 花と花の隙間を埋めるように2列目を挿す

［02］で挿した外形のラインに沿って、2列目を挿し、外形のラインを強調させる。

05 同様に3列目を挿す

外形のラインと、カーブしたラインの間にできたスペースに、キクを挿して3分の1程度、面を埋める。キクは葉付きが良いため、本数が密集する部分のキクは、葉を落としておく。開きのキクが一番早く、白く埋められるが、スプレーマム、カーネーションを使っても良い。

06 花材を替え、面積の半分ほどを埋めていく

［05］の下にスプレーマムを挿し、半分程度まで埋める。さらにその下に、蕾のスプレーマムまたは開きのコギクを挿し、白のグラデーションを表現する。この場合では開いているコギクを使用。

07 蕾の花材に替えてグラデーションをつけ、左のラインの始点を設置

上段中央のフローラルフォームの左奥に、２つ目のラインの始点となる開きのキクⒷを真っすぐに挿し、台上から花の先端まで、50cm の高さにする。

08 弧を描くように、左端までラインを作る

１つ目のラインと同様に、左端のフローラルフォームまで緩やかなカーブを描きながら８本挿し、外形のラインを作る。内側から外側に派生していくようなイメージで、初め内側に小さなラインデザインを作り、外側の大きなラインデザインへと広げていく。外側を大きくすることで、安定感のある祭壇になる。内側が大きくなると、外が貧弱になってしまうので注意。

09 花半分下げながら、始点から内側のラインを作る

Ⓑから斜め左方向に、徐々に高さを下げながら４本挿す。初めは外形のラインに沿わせ、徐々に外形のラインから分岐し、高さを下げながら、手前に挿す。

10 緩くカーブさせながら、ラインを作っていく

５本目からは花一つ分ずつ高さを低くし、右方向にカーブさせる。また、徐々に花を前に傾け、花の顔を見せるようにし、右から６番目のフローラルフォームの右手前まで挿す。花は初めは開きを使い、徐々に中開きにする。

11 下段のフローラルフォームを使い、ラインを延ばしていく

右から５番目、下段のフローラルフォームの中央奥に、50cm の高さの中開きのキクⓒを挿し、上段のカーブとつなげる。上段で最後に挿したキクは顔が前面に向いているが、ⓒから先は横向きになるように挿すため、つなぎ目となるⓒは、花がやや前面を向くよう、花首が少し曲がったものを使い、花の顔の向きを調整する。

12 右端までラインを延ばし、美しいカーブを際立たせる

下段右端のフローラルフォームの中央奥まで、緩やかなカーブを描くようにキクを挿し、ラインを完成させる。中開きのⓒから徐々に大きな花を使い、右端には開きのキクⒹを挿す。花首の曲がったキクを使い、Ⓓの花がやや右上がりになるよう挿すと、ラインが美しく見える。このラインが延びることで、外側のラインデザインのサイズが大きくなる。

13　花材を替え、２列目を挿す

[08] で挿した外形のラインに沿って、2列目にカーネーションを挿し、外形のラインを強調させる。

POINT

注意したいポイント

「流れ」を断ち切らない細やかさ

２段以上のフローラルフォームを使う場合は、上段を使い切ってから、下段へと移るようにします。右の写真のように、花茎を長くして早い段階から下段のフローラルフォームに挿すことも可能ですが、茎が長いと安定感が悪くなり、運搬作業などにより花の位置がずれ、形が崩れやすくなります。ずれ防止と下のフローラルフォームの負担を少なくするために、上段のフローラルフォームを使い切るようにしましょう。

また、上下段を使ってラインを作る場合は、上下段のつなぎ目を感じさせず、自然に見えるように挿すことが必要です。上段ではキクの花を横向きから徐々に前面に向け、下段で再び横向きにしていきます。右下の写真のように、つなぎ目となるⓒにいきなり横向きの開きのキクを使ってしまうと、ラインの流れが分断してしまいます。ラインを途切れさせずに自然につながるよう、花の大きさや向きに気を配るようにしましょう。

早い段階から下段に挿すと、茎が長くなり、形が崩れやすくなる

・良い例

・悪い例

花のサイズが異なる花材を挿すと、流れが分断する

14 同様に３列目を挿した後、花材を替えて面を埋めていく

外形のラインと、カーブさせたラインの間にできたスペースにカーネーションを挿して、3分の１程度埋める。その下にスプレーマムを挿し、徐々に白のグラデーションを付けて、半分程度まで面を埋める。

15 蕾の花材に替え、グラデーションをつける

さらにその下にコギクを挿し、徐々に白の割合を減らしてグラデーションを作る。フローラルフォームの前面に葉物を、コギクの下に洋花を挿して完成にしても良い。

16 外形のラインを挿すための折り返し点を設置する

左の外側点から下段右端のキクⒹまで、ラインを延ばすために、左端のキクの左に、開きのキクⒺを１本挿す。

17 | 右方向へ高さを下げながら、カーブラインを取る

Ⓔから花ひとつ分高さを下げて2本挿し、さらに高さを下げながら右にカーブをさせて、左から5番目のフローラルフォームの左前まで、中開きのキクを9本挿す。

18 | 中央の低くなった位置から、少しずつ高さを出してラインをつなげ、完成

左から5番目のフローラルフォームの、右前に挿した10本目は、もっとも高さを低くし、Ⓓまで緩やかなカーブを描きながら、徐々に高さを上げてつなげる。花は中開きを使用。このラインを引くことで引き締まった印象になり、下段に洋花を使う必要がなくなる。

POINT

注意したいポイント

白花で作るグラデーションで重なるラインデザインを際立たせる

ラインデザインを重ねる際、上段の白花の濃度を薄くしておかないと、下段の外形のラインを取ったときに、区切りが見えなくなります。上段の下部は必ず蕾のスプレーマムか、コギクで白の濃度を薄くし、下段との隙間を作ります。上段の下部を色花にした場合は区切りが色で判別できるため、隙間を空ける必要はありません。

左右両側を製作した場合のイメージ

中央上部に遺影、中央下部に位牌やお骨、その周りに男性色や女性色の洋花が入ります。雲やハスの花弁が重なっているかのようなデザインで、今回はラインは２つですが、さらに多く組み合わせるのも良いでしょう。中心に向いた上部のラインをさらに延ばすと、ハートのように見せることも可能です。大きさ、高さ、色合いやラインの角度、ラインの数など、葬家の要望や予算に応じて、アレンジのバリエーションを広げていきます。

STEP7
PATTERN
B

アレンジを加えた
大小のラインを生かして作る、
色鮮やかな祭壇

複数ライン × キク × 洋花

黄色で統一したポイント花と、
動きのあるカーブラインが印象的

アレンジを加えた大小のラインを生かして作る、色鮮やかな祭壇

▸ 完成サイズ：3 間（5.4m）

大胆なカーブラインのフォルムと華やかな洋花で魅せる

上段左右のカーブラインは内側のラインを大きくえぐり、下段左右のカーブラインは、中心に向かって波打つデザインにしました。ラインの流れを変えるだけで、全体のイメージは大きく変わりますので、さまざまなデザインパターンを考えておき、バリエーションを広げましょう。

大型の祭壇を製作する場合、花材の茎を長く残し、高く挿す必要があります。しかし、あまり高く挿すと安定感がなくなり、移動の際に形が崩れやすくなります。ここでは、1段で 60cm 以上の高さが欲しい場合、フローラルフォームを横置きに2段置くことができる、オリジナルのボックススタンドを使用しています。

使用花材

◎花物
キク（白）……開き・200 本
キク（白）……中開き・80 本
キク（白）……蕾・20 本
スプレーマム（白）……250 本
コギク（白）……100 本
キンギョソウ（黄）……60 本
カーネーション（黄）……50 本
グロリオサ（黄）……20 本
アルストロメリア（黄）……20 本
ヒマワリ（黄）……40 本
ユリ（黄）……16 本
オンシジウム（黄）……30 本
※p.340 の設置写真で使用
コチョウラン（白）……6 本

◎葉物
ミリオグラタス……適量
アオドラセナ……適量
ドラセナ・サンデリアーナ……適量
レザーファン……適量
ナルコユリ……適量

挿し方

01 フローラルフォームを2段、左右2カ所にセッティングする

フローラルフォームを、6 個横置きにして上下2 段に並べ、左右に配置する。

02 左側の段から、始点・頂点・外側点を挿す

右から 3 番目のフローラルフォームの中央奥に頂点となる、開きのキクⒶを真っすぐに挿す。右から 2 番目のフローラルフォームの右奥に内側の始点となる、開きのキクⒷをやや右に傾けて挿す。左から 3 番目のフローラルフォームの左奥に外側点となる、開きのキクⒸをやや左に傾けて挿す。

03 始点・頂点・左の外側点をつなげ、右側も同様に挿す

Ⓐと Ⓑ、Ⓐと Ⓒを自然なカーブを描きながら、開きのキクで外形のラインをつなげる。右側も左側と同様に挿し、左右対称にする。頂点Ⓐの挿し位置を中心に、円周を広げるようにして、左右同じ高さに挿す。

04 次に２列目を挿すが、１列目の中心点でカーブさせる

内側の始点Ⓑと Ⓐの間に２列目を挿す。Ⓐと右隣のキクの間に、中開きのキクを１本、花半分高さを下げて挿したら、そこから左方向に、花半分ずつ高さを低くしながら、外形のラインから分岐して右下方向にカーブさせながら挿していく。

05 | 下段の右端まで ラインを延ばして挿す

さらに右方向にラインを延ばし、右端の終点まで中開き→三分咲き→蕾へと花の大きさを替えて挿していく。Ⓐとⓑをつなぐ外形のラインの手前に、２列目のキクを挿し、外形のラインを強調させる。キクは開きを使い、１列目の花と花の間に配置する。

06 | 頂点から左の外側点まで、ラインの２列目を挿す

ⒶとⒸをつなぐ外形のラインに、２列目のキクを挿し、外形のラインを強調させる。キクは開きを使い、１列目の花と花の間に配置する。

POINT

注意したいポイント

色花でのカラーグラデーション

ここでは白のグラデーションを表現するため、太いラインの内側にスプレーマムとコギクを使っています。バリエーションとして、コギクの代わりに色花でグラデーションをつける場合もあります。スイートピーやスターチスを使用すると、紫のグラデーションを表現できます。

07　ラインの内側の面積を白花で埋める

外形のラインと内側のラインの間に、キクまたは、スプレーマムを挿し、面を真っ白に埋めていく。花材の開花状況、ストック状況に応じて、キクやスプレーマムを使い分ける。

08　中間くらいまでを、白花で埋めた状態

内側のラインの終点と手前の2本分を残し、半分程度の面を埋める。面を真っ白に埋めるためにスプレーマムを使う場合は、なるべく開いている花を使うようにする。

09　右側のフローラルフォームに、シンメトリーに挿す

半分程度まで、スプレーマムで真っ白な状態に埋めたら、コギクに切り替えて挿す。白い花の割合を減らすことで、白のグラデーションを表現する。右側も左側と同様に挿し、左右対称にする。

10　フローラルフォームを横置きにして、さらに2段分をセッティングする

[09] のセットの前に、フローラルフォームを手前側に18個（3間幅）、横置きにして上下2段に並べる。

11　Ⓓとⓔの間を均等に挿し、左下がりのラインにする

左端から5番目のフローラルフォームの中央奥に、頂点であり始点であるキクⒹを真っすぐに挿す。3段目左端のフローラルフォームの、左端から3分の1右の前面に、開きのキクⒺを前方に傾けて仮挿しする。ⒹからⒺに向かって、緩やかなカーブを描きながら、開きのキクで外形のラインをつなげる。

12　右側にシンメトリーに、右下がりにラインを挿す

左側のⒹとⒺをつなげたら、右側も左側と同様に挿し、左右対称にする。

13　外形のラインから分岐させてカーブラインを挿す

3段目の中央に、中開きのキクⒻをやや右に傾けて挿しておく。左端のⒺから、左前にカーブさせながら、4段目の左端のフローラルフォームの右から3分の1左前面まで、8本キクを挿す。花は徐々に小さくしていき、徐々に前方に傾け、終点には蕾を挿す。Ⓓと左隣のキクの間に、開きのキクを1本、花半分高さを下げて挿し、さらに花半分ずつ高さを低くしながらキクを挿し、外形のラインから分岐して下向きにカーブさせる。花は、徐々に開き→中開きにする。4段目左端から6番目のフローラルフォームのキクⒼから、カーブを上向きにし、3段目左端から8番目のフローラルフォームにキクⒽを挿し、再びカーブを下向きにしてⒻにつなげる。ラインが長く、形が取りにくい場合は、先にガイドとしてⒼとⒽを挿しておくと良い。

注意したいポイント

ラインの軌道によって祭壇のデザインを変化させる

頂点であり始点であるⒹをスタートし、Ⓖ・Ⓗ・Ⓕとつなげて構成する内側ラインの軌道は、無限にあると言えます。ここではアップダウンさせた軌道を取りましたが、下がって終わる場合、上がって終わる場合など、さまざまなパターンで製作可能です。求められる祭壇のイメージに合わせてデザインを変えてみましょう。

14 右側も
シンメトリーに挿し、
中央部分をつなぐ

右側も左側と同様に挿し、左右対称にする。

15 左側の外側ラインに2列目を挿す

Ⓓから延びる外形のラインの手前に、２列目のキクを挿し、外形のラインを強調させる。キクは開きを使い、１列目の花と花の間に配置する。

16 面を白花で埋めていく

外形のラインと内側のラインの間に、キクまたはスプレーマムを挿し、面を真っ白に埋めていく。空間を真っ白に埋めるためにスプレーマムを使う場合は、なるべく花が開いているものを使うようにする。

17 カーブラインに沿わせ、バランス良く濃い部分の厚みを出す

中央部分にもスプレーマムを挿す。中央部分手前には色花を挿すため、スプレーマムのラインを厚くしすぎないようにする。

18 全体に、蕾の花材でグラデーションをつける

半分程度までスプレーマムで真っ白な状態に埋めたら、コギクに切り替えて挿す。白い花の割合を減らすことで、白のグラデーションを表現する。

19 右側も同様に
グラデーションをつける

右側も左側と同様に挿し、左右対称にする。

20 上段の左右両方に シンメトリーに葉物を配置 最下段にも全体的に 葉物を挿す

上段の左右両端に、アオドラセナをグルーピングして挿すⒾ。中心側を高く、両端に向かって、徐々に高さを下げる。中央付近の奥に、左右側ともにアオドラセナをグルーピングして挿すⒿ。この後、グルーピングしたアオドラセナの間に洋花を挿す。アオドラセナ、ドラセナ・サンデリアーナのような、しっかりした葉物を入れておくと、水下がりしてしまった洋花や自立しにくい洋花の支柱になるだけでなく、洋花だけでは空間が埋めきれなかった場合の、背景の透け防止になる。

21 上段の中央部分に、立ち物として色花を挿す

Ⓙの前に、キンギョソウを挿す。中心側を高く、端はやや高さを下げる。

22 ［20］で挿した葉物の後ろに色花を添える

下段の左右奥に、アオドラセナをグルーピングして挿す（Ⓚ）。Ⓘのアオドラセナの中央寄りの奥側に、アオドラセナよりも高さのあるグロリオサを挿すようにする。グロリオサは、茎が細くて花も重く、単独で立ちにくいため、３～５本グルーピングして挿す。

23 丸く大きな色花を等間隔に挿し、印象づける

Ⓘのアオドラセナの中に、ヒマワリを挿す。花が前面を向くよう、挿す角度を調整する。

24 大きな花と花の隙間に、小さめの色花を挿して埋める

ヒマワリの花と花の隙間に、オンシジウムを挿し、隙間を埋める。

25 両端の葉物の前に色花を追加し、最下段に葉物を挿す

Ⓚの前にキンギョソウ、さらにその前に、オンシジウムを挿す。２段目と４段目のフローラルフォームの前面にレザーファンを挿し、フローラルフォームを隠す。

26 最下段の葉物の上に斑入り葉を重ね、カーブラインの内側の空間に葉物を挿す

［25］で挿した4段目のレザーファンの上に、ナルコユリを挿す。中央のカーブの前面には、ドラセナ・サンデリアーナを、またその上のカーブの内側には、ミリオグラタスとアオドラセナを挿す。

27 ［26］で挿した葉物に、色花を加える

Ⓛに色花を加える。高さのあるキンギョソウは奥側に、アルストロメリアは手前のカーブの形状に合わせて挿す。色花とカーブラインとの隙間は必ず空けて空間を目立たせ、色花の存在感を出しつつ、カーブラインもより強調させる。特に色花を使わず白花のみで構成する場合は、色に違いがないため、ぼんやりした印象になりがちなので、さらに空間を空ける。

28　遺影や位牌を配置する中央部分に、色花を等間隔に挿して鮮やかに演出する

中央のカーブ前面に、花ひとつ分ずつ間隔を空けてカーネーションを挿す。

29　位牌スペースまわりに色花を挿して完成

［28］で挿したカーネーションの花と花の間に、ユリとアルストロメリアを挿し、空間を埋める。

実際に白木祭壇上へ設置した場合のイメージ

白木祭壇を常設している葬儀場では、ラインデザインの祭壇が特に多く見受けられます。複数のラインを組み合わせて多様なデザインに変化させることができ、コーディネートする洋花の色合いで印象を大きく変えられる理由に他なりません。

CHAPTER 5

創作祭壇を構成する基本パーツの製作術

独創性のあるパーツについて

人生を象徴する「波」や「川」などのモチーフや
故人の生前の趣味や故郷の風景を取り入れる「創作祭壇」。
ここで紹介する「川」、「波」、「山」の３つは、
創作祭壇を製作する上で
欠かすことができない重要なパーツです。
基本的な製作テクニックを学ぶとともに、
オーダーに合わせてアレンジできる力を身につけましょう。

高い技術と構成力が求められる創作祭壇の基本パーツをマスター

「創作祭壇」は故人の個性を重視し、故人を象徴するモチーフを取り込んで製作します。故人が慣れ親しんだ故郷の風景、釣りやゴルフなど、趣味を象徴する魚の姿やゴルフ場の景色、旅立ちをイメージさせる鳥や鳳凰の姿などを組み込みます。

創作祭壇製作のポイントは、イメージしたテーマ、モチーフをいかに具現化できるかということ。それぞれのパーツを製作できる技術だけでなく、それらを組み合わせるためのデザイン力、予算に応じた的確な花材選び、葬儀式会場という限られたスペースで表現するための構成力が必要です。

山の尾根、山から流れ出る川と段々畑を組み合わせたデザイン

上段には故郷を象徴する山、山の裾野からは湾曲しながらゆったりと流れる川。下段左では、キクの並列の技術を駆使し、のどかな段々畑の風景を表現している。それぞれのパーツの間にはスペースを設け、カトレアやコチョウランなど、ピンクを主体にしたポイント花で華やかさを演出している。

METHOD 2

より豪華なイメージを作り、創作性を高めるパーツ

創作祭壇は故人の個性や、趣向などが反映されるため、ひとつとして同じものはありません。
それぞれのパーツの特徴や製作方法を覚えるのはもちろん、
「山」、「川」、「波」など、パーツの役割、コーディネート術をマスターしましょう。

個性的なパーツを構成するテクニック

「川」や「道」のパーツ

山に付随させ、高低差がつく高さから挿します。外形のラインはゆったりカーブさせ、下部に向かって幅を広げるのが基本。途中、方向変換や蛇行といったアレンジも可能です。水色や青の色花でグラデーションをつけると、より川らしい雰囲気に。

ラインの形状、全体のデザインや付随するパーツ、色花の使い方などで、川を表現するのか、道を表現するのかが決まります。途中をくびれさせて挿し、高い位置に配置すれば、「雲」に見せることも可能です。

「波」のパーツ

壮大でダイナミックな印象のパーツ。高低差をつけることが絶対条件で、フローラルフォームは３段以上が必要となります。３段組で幅１間であれば、波頭の数は３、４つが目安。２つでは波に見えず、５つ以上になると、小刻みすぎて迫力が出ません。

「山」のパーツ

人生そのものを象徴するパーツとして、イメージとしての山が求められる場合や、故郷を象徴する山の形を求められる場合があります。特定の山ではない場合は、遠近感や連なる山並みを表現するために、手前と奥で２つの山を重ねます。

「丘」や「段々畑」のパーツ

ラインデザインを応用し、緩やかなカーブで「丘」に見せます。並列の直線ラインデザインは、山と組み合わせて段々畑に。開きから中開き、蕾のキクを使い、遠近感と高低差を表現します。段々畑の直線ラインは、祭壇を引き締める役割があります。

その他のパーツ

ゴルフ場、サッカー場、野球場や野球道具、バスケットコート、鯉、会社のロゴマークなどをモチーフにした祭壇は、故人の仕事や趣味を全面に表現する場合に有効です。生前の故人のライフスタイルを偲ぶことができる、印象的な祭壇になります。

花材の組み合わせと選び方について

「川」や「道」を作る花材

外形や内側のラインはキク、外形のラインの内側はスプレーマムやカーネーション、コギクで白のグラデーションをつけます。

「波頭」の花材

波頭の荒々しさや動きを表現するため、外形のラインはスプレーマムで取ります。開きのキクでも形を取ることは可能ですが、ラインが揃いすぎてしまい、躍動感に欠けます。

「山」の花材

外形のラインや稜線はキクで取ります。自然な形に見えるよう、キクの挿し位置は前後と上下をずらし、形を整えすぎないようにします。ラインの内側はスプレーマムやコギクを挿します。

単一のカラーで作る

山はキク、カーネーション、スプレーマム、コギクの白花の花材のみで製作します。同様に、「道」や「波」も白花のみの花材で製作可能です。

複数のカラーで作る

デザインによって、川や波は、コギクの代わりに水色や青のデルフィニウムでグラデーションを表現します。青のデルフィニウムの代わりに紫のスイートピーでも。

祭壇製作時のパーツ組み合わせ術

組み合わせるときの祭壇のサイズについて

「道」、「波」、「山」はいずれも高低差と横幅があることで表現できるパーツです。基本的に高さは2～3段、幅は2間は必要です。これ以下のサイズでは、それぞれの形の特徴を出すことは難しくなります。

「波」のパーツで注意したい組み合わせ

波を連ねる場合は、波の大きさ、波頭の数を揃えない方が自然に見えます。また、波を向かい合わせに配置する場合は、左右対称にすると不自然になるため、ラインの軌道を変えて挿しましょう。

３つ以上のパーツの組み合わせ方

複数のパーツを組み合わせる場合は、パーツ間にポイント花を挿すスペースを設けます。パーツ同士のつながりを自然に見せられるのと同時に、それぞれの個性も際立ちます。

製作するときの諸条件と注意点について

丁寧な花選びで自然の風景を表現する

自然の川は、流れが急になったり蛇行したりしますし、山の形も決して真っすぐではありません。自然さを白花で表現するには、花の開き、大きさ、向きを変えながら挿す必要があります。

創作パーツでの色花の使い方について

「道」、「波」、「山」のパーツは基本的には白花で製作します。川の流れ、波の渦などを表現する場合に使う色花は、水色や青に限られます。他の色花では川や波らしく見えなくなってしまいます。

故郷の山や川の風景を創作祭壇に取り入れる

創作祭壇は、「山」や「波」などで故人の人生を表現する場合や、故郷を象徴する風景などを取り入れる場合があります。会葬者が祭壇を見て、一目で特定の風景だと認識できるような、製作者のデザイン力と技術が必要です。

創作パーツの実践テクニック

創作祭壇におけるパーツとして代表的なものは、「川」と「波」と「山」です。
故人の人生の象徴として自然の風景を取り入れたり、故郷の景色を再現したり。
祭壇にオリジナリティを求められる場合に使う頻度が高いため、
製作する技術をマスターするだけでなく、デザイン力も磨きたいものです。

STEP1 緩やかな「川」や「道」となるデザインパーツ

祭壇に流れと優雅さを加える
ラインデザインの応用形

「川」と「道」のデザインパーツ製作で異なる点は、「川」は白から青のグラデーションで表現するのに対し、「道」はキクからコギクへの白の濃淡で表現することです。「川」は、「山」と組み合わせることが多く、通常は脇役の存在ですが、地元を代表する川を表現する場合などは、主役になることもあります。遺影や位牌、他のパーツの配置に合わせ、幅や高さを調整する必要があり、いかに川の流れを切らずに祭壇に組み込むか、製作者のデザイン力が重要です。

故人の生まれ故郷を代表する、雄大な山並みと穏やかに流れる川。

テクニック
01

緩やかさを演出

基本的な「川」や「道」のラインは、滑らかでゆったりとした形に仕上げます。直線部分を作らないように緩やかなカーブでつなげましょう。

テクニック
02

段差をつけずに滑らかに

1段目から2段目に移るポイントでは、段差を感じさせないよう滑らかにつなげ、「川」や「道」の緩やかな流れを表現します。

テクニック
03

アウトラインの強調

パーツを強調する場合、外形のラインは2列挿し、輪郭を強調することもあります。デザインに合わせて、臨機応変に製作しましょう。

テクニック
04

グラデーションのバリエーション

白花なら、キク→スプレーマム→コギクの順で挿すのが基本。色花の場合は、コギクの代わりにデルフィニウムを使います。

テクニック
05

ばらつきを防ぐ

他の祭壇デザイン同様、「川」や「道」のパーツも横から見た際に面が揃うように挿し、さらに最下段が前に出ないよう、抑え気味にします。

STEP 1
PATTERN
A

悠々と流れる「川」を表現するモチーフのパーツ

川 × キク × 洋花

キクのラインをベースに、「川」をグラデーションで表現

悠々と流れる「川」を表現するモチーフのパーツ

▶ 完成サイズ：1 間（1.8m）× 2 段

悠々と流れる川で
故郷の風景や人生を表現する

高低差をつけ、下段に向かって緩やかに広がりを出すことで、「川」を表現するパーツです。段々畑を表す並列パーツや「山」のパーツと合わせ、故郷に流れる川に見せたり、人生そのものを表したり。イメージを膨らませ、創作祭壇に組み込みます。水色のデルフィニウムを使い、川らしく見えるよう仕上げるのがポイントです。

p.254「カラーが異なるラインを使った『クロスライン』」のパーツを応用したもので、技術的な難易度はそれほど高くありません。注意点は曲線的なイメージを持ち、下段の終点に向けて幅を広げること。また、１段目と２段目のつなぎ目を感じさせないように、滑らかにつなげることも大切です。

使用花材

◎花物
キク（白）……41 本
スプレーマム（白）……40 本
コギク（白）……15 本
スプレーデルフィニウム（水色）……10 本

挿し方

01 フローラルフォームを縦置きにセッティングする

フローラルフォームを10 個、縦置きにして２段並べる。

02 上段右部分に、頂点を設置する

上段右から３番目のフローラルフォームの中央奥に、頂点となる開きのキクⒶを真っすぐに挿す。台上から花先まで、50cm の高さにする。

03 ⒶとⒷをガイドとし、緩やかなカーブラインを取る

下段左端のフローラルフォームの左奥に、開きのキクⒷをやや左に傾けて仮に挿す。台上から花先まで25cmの高さにする。上段右端のフローラルフォームの右奥に、開きのキクⒸをやや右に傾けて仮に挿し、25cmの高さにする。ⒶからⒸまで、緩やかなカーブを描きながら、開きのキクでつなげる。ⒶからⒷは、上段の左から4番目のフローラルフォームまでは緩やかな弧を描くように挿し、下段に移ったら、Ⓑまで徐々に高さを下げながら、真っすぐのラインでつなぐ。

04 最下段は右端に進むにつれ花の開きを蕾に近づける

Ⓒとその隣のキクの間に、2列目の1本目を挿し、5本目までは1列目に揃えて挿す。6本目のキクから徐々に前にずらし、花一つ分程度の高さを下げながら、緩やかなカーブで挿す。終点は、下段の左から4番目のフローラルフォームの中央前面に挿す。花は徐々に小さくし、終点で完全な蕾にする。外形のラインを挿し終え、バランスを見ながら内側のラインを挿すと、美しい形に仕上がる。

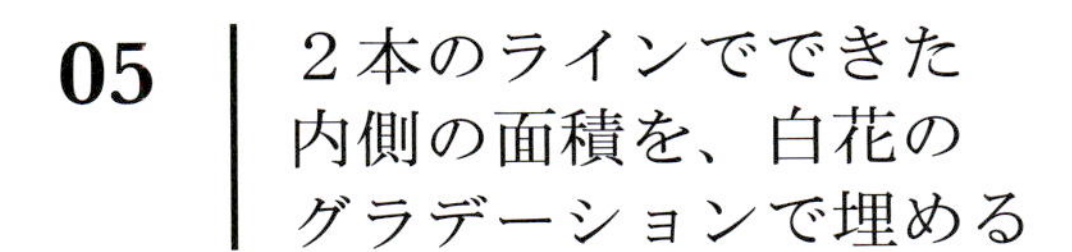

05 2本のラインでできた内側の面積を、白花のグラデーションで埋める

上部の外形のラインの内側に、2列目からスプレーマムを挿し、外形のラインを濃くして強調していく。
さらにスプレーマムの下にコギクを挿し、白色の濃淡をつける。外形・内側のラインは、キクの代わりにピンポンマムを使用しても良い。

06 逆三角形を作るように、末広がりの印象に色花で面を埋めて完成

コギクの下にスプレーデルフィニウムを挿し、残りの空間を埋める。上部は水色、下部に向かうにつれて濃い青の花を挿し、白から青のグラデーションをつけて川らしさを表現する。

STEP 1
PATTERN
B

「川」や「道」に作り変える ことができる、自在なデザイン

川・道×キク

起伏や軌道を自在に変化させ、
思い出の風景を作る

「川」や「道」に作り変えることができる、自在なデザイン

▸ 完成サイズ：8 尺（2.4m）

さまざまな役割を担える
ラインデザインの応用スタイル

山のそばに配置し、白から青でグラデーションをつければ「川」に、白の濃淡で仕上げれば「道」にもなるパーツ。どんな色で製作するか、祭壇のどこに配置し、どんなパーツと合わせるかによって役割が変わります。また、会葬者と故人との思い出によって、パーツが川にも道にも見えることも。創作祭壇は故人の人柄や個性を、表現しやすいものだと言えるかもしれません。

ラインデザインの応用ですので、基本形をマスターしておけば、難易度はそれほど高くありません。必要なのは、製作者のデザイン発想力と構成力。祭壇全体の中での配置や、大きさのバランスなどに配慮してデザインしましょう。

使用花材

◎花物
キク（白）……51 本
スプレーマム（白）……60 本
コギク（白）……40 本

挿し方

01 フローラルフォームを縦置きにして、２段分をセッティングする

フローラルフォームを上段は 10 個、縦置きにする。下段は 14 個縦置きにする。

02 上段に頂点を設置する

上段右から 3 番目のフローラルフォームの中央奥に、頂点となる、開きのキクⒶを真っすぐに挿す。台上から花先まで、50cm の高さにする。

03 頂点から反時計回りに、緩いカーブラインを挿す

右端から5番目のフローラルフォームの右前に、経由点となる蕾のキクⒷをやや前方に傾けて挿し、台上から花先まで20cmの高さにする。ⒶからⒷまで、カーブを描きながら、徐々に高さを低くしていき、キクを挿してつなげる。花は開き→中開きと、徐々に小さくする。

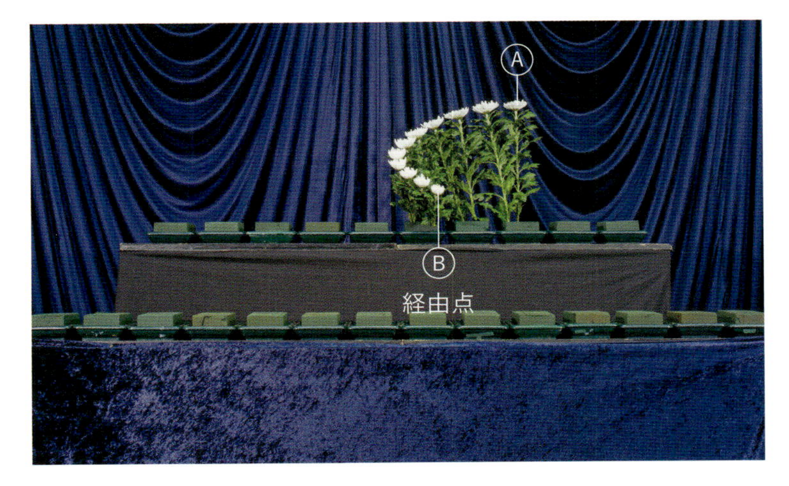

04 頂点から、内側にカーブラインを挿す

Ⓐから斜め左方向に、徐々に高さを下げながら2本挿す。3本目からは、花一つ分ずつ高さを低くし、10本目あたりで、下段の右から4番目のフローラルフォームの左奥に、中開きのキクⒸを挿す。花は始点では開き、カーブでは徐々に中開きにする。カーブではキクを詰めて挿すため、時折、葉を落としたキクを使うようにすると、花同士がぶつかることがなく、ラインが取りやすい。

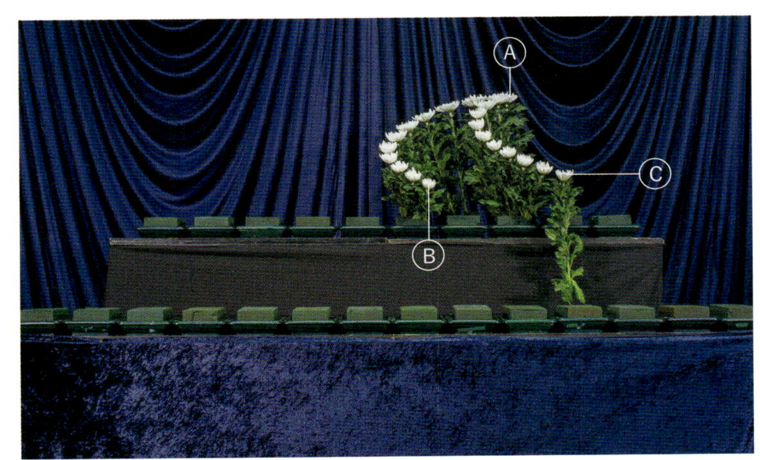

05 カーブさせつつ下段を使って挿すようにして、S字を描いてラインを取る

下段右端のフローラルフォームの左前に、右の終点となる蕾のキクⒹを挿し、[04] で挿したⒸとつなげる。直線部分は開きのキクを使い、カーブに差しかかったら、中開き→三分咲き→蕾へと花を小さくする。

06 ［03］で挿したラインの経由点から、左方向へラインを延ばす

左端のフローラルフォームの左奥に、左の終点となる開きのキクⒺを、やや左に傾けて 20 ～ 25cm の高さで挿す。Ⓑから左に向かって方向を変えて、ごく緩やかなカーブでⒺまでつなぐ。さらにⒶから右に 2 本の開きのキクを挿し、S 字カーブをはっきりとしたイメージにする。

07 右のラインに沿って厚みをつける

右側の外形のラインの内側に、スプレーマムを挿し、白色で厚みをつける。キクやカーネーションで代用しても良い。

08　左下のラインに列を重ねて挿していき、厚みをつける

[07] の内側に、さらにスプレーマムを挿す。Ⓑから Ⓔの内側にもスプレーマムを挿し、白色で厚みをつけて濃淡を出す。

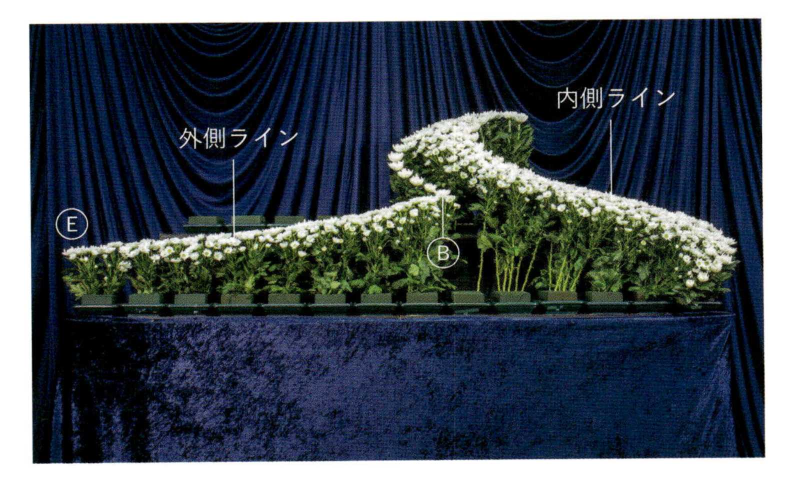

09　左右のバランスを調整しながら、より厚みをつける

右側にもう１列スプレーマムを挿し、左右のバランスを取る。

10　内側の空間全体を、蕾の花材で淡い印象に埋めて完成

内側に残っている空間にコギクを挿し、遠近感を出す。コギクで白色の濃度を薄め、グラデーションを表現する。Ⓑから終点Ⓔへの軌道は、起伏をつけるだけでバリエーションが増やせるため、祭壇の横幅に応じて形状を変えると良い。特に大きな祭壇の場合、起伏なしにそのまま軌道を下げていくと、終点の手前でラインが下がりきってしまうことがある。また、見た目の変化を加えるためにも、アレンジを加えるのがおすすめだ。

ラインと「横流し」のテクニックを生かした、応用パーツ

川 × キク

動きのあるカーブラインで
山間の清流を表現

ラインと「横流し」のテクニックを生かした、応用パーツ

▸ 完成サイズ：1間（1.8m）× 2段

カーブラインが動きを感じさせる
山間を流れる故郷の川をイメージ

外側と内側、それぞれのラインの軌道に区切りを入れ、カーブを二つずつ続けたデザイン。ゆったりと雄大な川というよりは、急カーブが続く山間の川のようで、動きを演出できます。このデザインはPATTERN B（p.354）と同様に、ラインデザインの応用で、ラインの途中で軌道を変化させたもの。ラインと「横流し」のテクニックを覚えることで、デザインの幅を増やすことが可能になるのです。

外形のラインの内側に挿したコギクを、水色や青のスプレーデルフィニウムに代えると、白から青のグラデーションで川らしさを強調できます。

使用花材

◎花物
キク（白）……63本
スプレーマム（白）……60本
コギク（白）……40本

挿し方

01 フローラルフォームを縦置きで２段セッティングする

フローラルフォームを10個、縦置きにして2段並べる。

02 ラインの始点となり、一番高い頂点となる花を挿す

上段左から4番目のフローラルフォームの右奥に、頂点となる開きのキクを真っすぐに挿す。台上から花先まで60cmの高さにする。

03 頂点から、上段のみを使用してカーブラインを挿す

左端のフローラルフォームの中央に、上段の外側点として開きのキクを18cmの高さに挿す。頂点から上段の外側点まで、緩やかな曲線でつなげたら、ラインの方向を変えて内側に向けて挿す。上段の外側点から4本目のⒶは蕾のキクを使い、左端のフローラルフォームの右前面に、キクの顔を前に見せる角度で挿す。

04 上段のカーブの終点から、下段にラインをつなげる

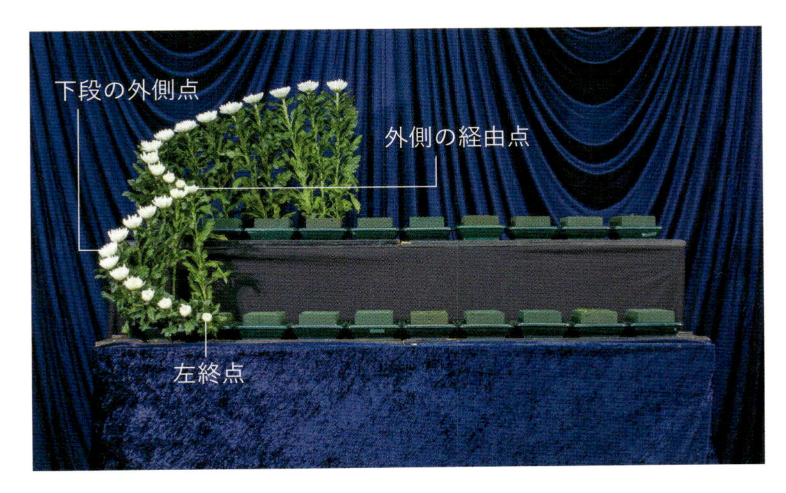

下段の左から2番目のフローラルフォームを使い、Ⓐの右に花一つ分高さを下げ、経由点となる中開きのキクを真っすぐに挿す。下段左端のフローラルフォームの中央に、下段の外側点となる中開きのキクをやや左に傾けて挿し、40cmの高さにする。
さらに、下段の左から2番目のフローラルフォームの前面中央に、短めにカットした蕾のキクを挿す。これが左の終点となる。外側の経由点から下段の外側点は蕾→中開きのキク、下段の外側点から左終点までは中開き→蕾のキクを使って、自然な曲線でつなぐ。

05 頂点から右側のラインを作り、内側の経由点を挿す

上段の左から5番目のフローラルフォームの中央前に、内側の経由点となる蕾のキクを、25cmの高さで真っすぐに挿しておく。頂点とその左のキクの間にさらにキクを1本挿し、その左に花半分程度の高さでもう1本を挿す。ここから先は、花一つ分高さを下げながらカーブさせ、内側の経由点までつなげる。下段の左から5番目のフローラルフォームの中央奥、内側の経由点の左に、花一つ分高さを下げた高さで、中開きのキクを真っすぐに挿す。

06 右側のラインの経由点から、カーブラインを挿す

写真上のように、下段の左から4番目のフローラルフォームの左奥に、中開きのキクⒷを挿し、内側の経由点とつなぐ。さらに下段の右端のフローラルフォームに、右の終点となる開きのキクを45度右に傾けて挿す。Ⓑから右の終点まで、緩やかな曲線を描きながら、中開き→開きのキクでつなぐ。

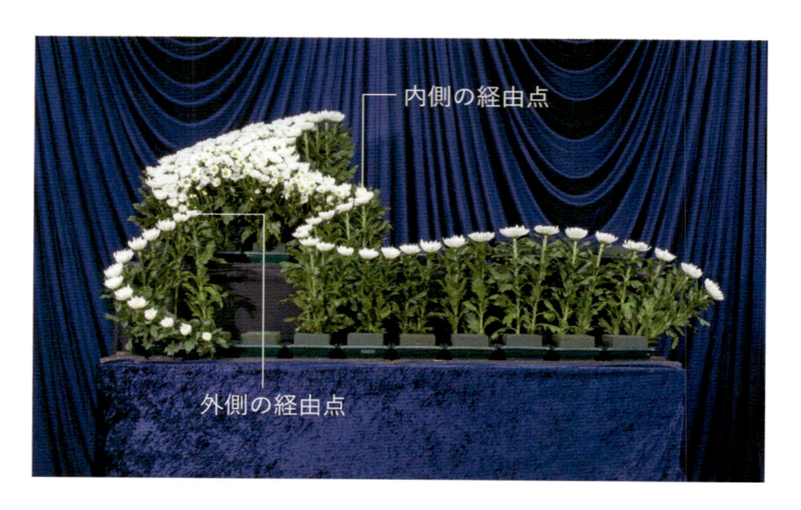

07 2本のラインの内側を白花で埋める

左右の外形のラインの内側に、スプレーマムを挿し、内側の経由点の高さくらいまで、白色で埋める。

08 左側のラインのカーブ部分に厚みを持たせ、強調する

下段の外形のライン内側にも、スプレーマムを挿す。左側カーブの内側は、厚めにスプレーマムを挿す。

09 濃くしたラインの内側に蕾の花材でグラデーションをつける

下段右側のスプレーマムの下にコギクを挿し、白色の濃淡をつける。

10 さらに、内側のスペースも蕾の花材で埋めて完成

残りの内側スペースにもコギクを挿し、白色の濃淡を表現する。

STEP2 インパクトが強い「波」のデザインパーツ

力強く押し寄せる波のデザインで故人の人生や故郷の風景を表す

「波」のパーツは、創作祭壇に多く用いられる「山」や「川」と同様、故郷の自然の風景を表現する場合や、人生の象徴として使用される場合があります。「波頭」は３つ以上、「波」そのものも２つ以上配置し、躍動感や力強さを演出します。その際、必ず波同士の高さを変え、横並びにならないように気をつけましょう。

基本的にキク、スプレーマム、コギクの白花のみで製作しますが、デザインによっては水色、青の色花でグラデーションをつけ、大きな祭壇の場合には、グラデーションに３色の花色を使用します。

テクニック
01

「波頭」製作時の注意点とは

「波頭」の外形のラインは、スプレーマムを使い、波の荒々しさや躍動感を表現します。キクではラインが揃いすぎるので注意。

力強く押し寄せる波で、人生の荒波と男性らしさを象徴。

テクニック
02

直線ラインの工夫

下部に挿すラインは、開き→蕾のキクで取り、メリハリをつけます。ラインの始点と終点は蕾、中心を開きにし、立体感を演出しましょう。

テクニック
03

基本形からのアレンジ

「波」のパーツに色花を使う場合は、波頭の下に波しぶきを表現する部分に。白から水色、青のグラデーションで、海のイメージがより強くなります。

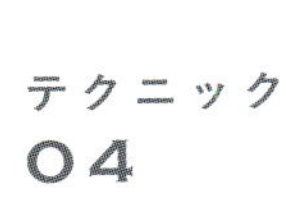

テクニック
04

内側スペースの処理

波頭の立体感を演出するのは、内側スペースの波しぶき部分です。キク、色花、どちらを使う場合も、波頭と対比させるため、花の高さをぐっと抑えて遠近感をつけ、波の力強さを際立たせます。

テクニック
05

くどさを与えない色の加え方

創作祭壇のポイント花として、ピンクや黄色の色花を使いますが、波や川の表現に使用するのは、水を連想させる青系の色花のみにします。

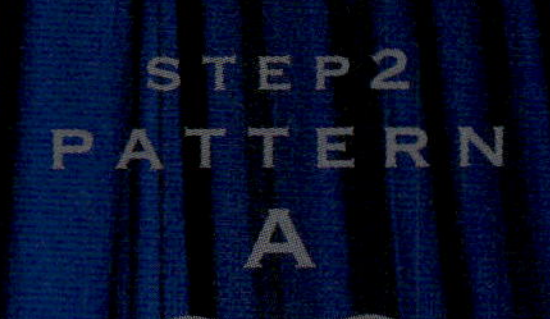

白の濃淡で波頭を強調する「波」のデザイン

波×キク

ダイナミックな「波」の姿を、白花のみで表現する

白の濃淡で波頭を強調する「波」のデザイン ▶完成サイズ：1間（1.8m）× 3段

白花のみで表現する
力強さのある自然の姿

力強さを感じさせる「山」と同様、「波」は男性の祭壇に使われることが多いパーツです。基本的には色花は使わず、キクやスプレーマム、コギクといった白花のみで製作。種類による花の大きさの違いや、花の開き具合を利用して白の濃淡を出し、波の力強さや立体感を表現します。

外形のラインは、波しぶきを表現するために、動きを演出できるスプレーマムを使用します。キクを使うと、外形がきれいに揃いすぎてしまい、自然を表現するには違和感を感じさせてしまうのです。整然としながらも自然さを感じさせるためには、各所に適した花材を選ぶことが重要です。

使用花材

◎花物
キク（白）……開き・50本
キク（白）……中開き・30本
キク（白）……蕾・25本
スプレーマム（白）……100本
コギク（白）……60本
◎葉物
レザーファン……30本

挿し方

01 フローラルフォームを縦置きで3段セットし1本目を挿す

フローラルフォームを11個縦置きにし、3段並べる。上段左から3番目の、フローラルフォームの中央奥から3分の1程度手前に、一つ目の波頭の頂点となるスプレーマムⒶを真っすぐに挿す。台上から花先まで60cmの高さにする。

02 [01]で挿したところから、小さなカーブラインを作る

左から2番目のフローラルフォームの、右手前に向かって4～5本のスプレーマムを挿し、徐々に高さを下げながらカーブさせる。

03 幅を広げ、厚みを持たせていく

Ⓐから右奥に向かって２本、スプレーマムを挿す。横幅に広がりを持たせるよう、やや右に傾けて挿し、Ⓐより低くなるように挿す。続けて、１列目の外形のラインに合わせて、２・３列目を挿す。高さは若干下げ、１列目のスプレーマム同士の間に入れて、波に厚みをつける。

04 蕾でグラデーションを作り、一つ目の波頭が完成する

スプレーマムは３～４列挿し、波頭に厚みを持たせる。２列では、波頭の幅が小さくなってしまい、全体的に薄いイメージになってしまう。スプレーマムを挿し終えたら、５列目にコギクを足して白の濃度を薄くし、白のグラデーションを表現する。一つ目の波頭が完成。

05 二つ目の波頭を作る１本目を、隣の波頭の脇に挿す

上段左から５番目のフローラルフォームの、左奥から３分の１程度手前に、二つ目の波頭の頂点となるスプレーマムⒷを真っすぐに挿す。高さは一つ目の波頭の、右端のスプレーマムに合わせる。

06 一つ目と同様に、二つ目のカーブラインを作る

一つ目のカーブラインと同様のやり方で、左から４番目のフローラルフォームの右手前に向かって、４～５本のスプレーマムを挿してカーブラインを作る。さらにⒷから右奥にも２本スプレーマムを挿し、横幅に広がりを持たせる。

07 扇形にさらに厚みを持たせ、濃くしていく

１列目の外形のラインに合わせて２・３列目を挿す。高さは若干下げ、１列目のスプレーマム同士の間に入れて、波に厚みをつける。

POINT

注意したいポイント

効率的かつ美しく仕上げるための、挿し方の順序

波頭は頂点となるⒶから挿し始め、次に左前方にカーブさせながら巻き込むようにスプレーマムを挿します（①）。続けてⒶの右後方に下げながら、スプレーマムを２本挿します（②）。

しかし、右端から始めるとなると、１本目を右方向へ斜めに挿し、頂点となる３本目を真っすぐに高めに挿した次に、高さを下げながら左方向にカーブさせていかなければなりません。角度・高さ・方向・ボリュームを同時に判断しながら挿さなければならず、均整が取れたバランスを表現することは至難の業です。効率的で失敗しにくい挿し方を身につけておくことが大切です。

POINT

注意したいポイント

花の少ないコギクで
波頭のフォルムを強調する

複数の波頭同士が隙間なく並びながら、一つひとつが独立して見えるのは、それぞれの波頭の最後にコギクを挿しているから。コギクで白花の面積を減らし、茎や葉の緑を見せることで、次の波頭との区切りができ、それぞれの波頭の存在が際立ちます。コギクを使わずに次の波頭を挿すと、すべての波がつながった印象になり、波頭に見えなくなってしまいます。

また、コギクの部分に色花を入れるデザインも見受けられますが、波らしさを強調するには、白花のみで表現する方がおすすめです。

08 グラデーションを作り、次に挿す波頭と馴染ませる

スプレーマムを３～４列程度挿し終えたら、５列目にコギクを足して白の濃度を薄くし、白のグラデーションを表現する。二つ目の波頭が完成。

09 二つ目の波頭の低い位置と同じ高さに、１本挿す

上段右から５番目のフローラルフォームの、左奥から３分の１程度手前に、三つ目の波頭の頂点となるスプレーマムⓒを真っすぐに挿す。高さは二つ目の波頭の、右端のスプレーマムに合わせる。

10　扇形にしながら、列を重ねて挿し、厚みを持たせる

一つ目、二つ目のカーブラインと同様のやり方で、三つ目のカーブラインの外形のラインを作る。外形のラインに沿って、スプレーマムを３～４列程度挿す。５列目にコギクを足して白の濃度を薄くし、白のグラデーションを表現する。三つ目の波頭が完成。

11　四つ目の波頭の１本目を挿す

上段右から３番目のフローラルフォームの、左奥から３分の１程度手前に、四つ目の波頭の頂点となるスプレーマムⒹを真っすぐに挿す。高さは三つ目の波頭の、右端のスプレーマムと同じ 30cm 程度にする。

12　三つ目の波頭に沿わせながら、やや小さめに緩くカーブさせた扇形を作る

右から４番目のフローラルフォームの右手前に向かって、４～５本のスプレーマムを挿し、徐々に前方に傾けながら高さを下げ、カーブさせる。

13 さらにカーブさせ、U字を描くように挿した後、下段に延ばす1本目を挿す

Ⓓから右奥に向かって2本、スプレーマムを挿す。横幅に広がりを持たせるよう、やや右に傾けて挿し、ボリュームを出す。
続いて、右から2番目のフローラルフォームの右手前に向かってU字形にカーブさせ、徐々に前方に傾けながら高さを下げ、4～5本のスプレーマムを挿す。上段に挿すスペースがなくなったところで中段に移動する。中段の右から2番目の左奥に、スプレーマムを真っすぐに挿し、上段の最後に挿したスプレーマムとつなげる。

14 段差をうまく利用してラインを延ばしていく

中段右端のフローラルフォームの左前に向かって、徐々に前方に傾けながら高さを下げ、4～5本のスプレーマムを挿す。Ⓓの左側のカーブに2・3列目のスプレーマム、4列目にコギクを挿して白の濃度を薄くし、四つ目の波頭を完成させる。

15 カーブラインの始点となる1本目を挿す

二つ目の波の下に、1列目のカーブラインの始点となる蕾のキクⒺを挿す。二つ目の波頭の下部との間は、隙間を空けておく。今回は波頭を四つにし、波頭の大きさは大→小の流れで製作するが、小→大→中→小など、アレンジは可能。

16 ｜ 1本目の続きの花材を挿す

Ⓔから右手前方向に、2～5本目のキクを挿す。Ⓔと2本目のキクの間は、花一つ分以上隙間を空け、手前に向かうにつれて、三分咲き→中開きと徐々に花を大きくしていき、濃淡を表現する。5本目くらいから緩やかに、左にカーブさせる。

POINT

注意したいポイント

高低差をつけた挿し方でメリハリをつける

波頭の内側から下に延びるカーブラインの1本目は、フローラルフォームの奥側に挿します。波頭よりも奥に挿すことで立体感が演出でき、波頭の迫力がより強調されます。1本目は蕾のキクを使い、徐々に開きにし、最後は消えていくイメージにするため、再び花を小さくしていきます。

正面から見たとき

・良い例と、ラインの流れが遮断された悪い例

横から見たとき

17 蕾の花材から開きの花材でカーブラインを構成する

７本目から下段に移動し、カーブラインⒻをつないでいく。カーブを急にしながら、フローラルフォームの奥に挿し、高さを低くしていく。カーブの曲がりきるところで開きのキクⒼを挿し、その先は再び花を小さくしながら、少しずつ手前にずらして挿す。最後の１本は、中開きにし、左端のフローラルフォームの中央からやや後ろに挿す。

18 右脇に、2列目のカーブラインを挿す

三つ目の波の下に、2列目のカーブラインの始点となる蕾のキクⒽを挿す。1列目のラインより低めの位置からスタートし、10本目の開きのキクあたりで1列目のラインと合流し、白さを強調させる。終点に向かって再び花を小さくし、最後の1本は中開きにし、左から2番目のフローラルフォームの中央に挿す。

19 さらに、3列目のカーブラインの始点を挿す

二つ目と三つ目の波の中間下に、3列目のカーブラインの始点となる蕾のキクⒾを挿す。

20 ３本目の
カーブラインを
挿し終えた状態

２列目より低めの位置からスタートし、カーブは先の２本より緩めにする。11本目の開きのキクのあたりで２列目のラインと合流し、白さを強調させる。終点に向かって、再び花を小さくし、最後の１本は中開きにして、左から２番目のフローラルフォームの右前に挿す。

21 もっとも右の
波頭から、４列目の
カーブラインを挿す

右端の波頭の終わりの部分と、外形のラインとのつながり部分の下に、４列目の１本目となる蕾のキクⒿを真っすぐに挿す。３列のラインとの高低差がしっかりついている。

22 4列目のカーブラインを挿し終えた状態

徐々に高さを下げながら、３列の合流ポイントに向かって、緩やかにカーブを描きながら挿す。１～３列目のカーブラインよりも早めに中開きを使い、ラインをはっきりとさせる。18本目の開きのキクあたりで、３本目のラインと合流し、終点に向かって再び花を小さくする。最後の１本は中開きにし、左から３番目のフローラルフォームの右前に挿す。この４列のカーブラインで、波の渦を表現する。

23 波頭の外形ラインに厚みを持たせる

右端の波頭から下に延びるラインと、４列目のカーブラインの間にできた空間に、スプレーマムを挿す。３分の１程度、スプレーマムで白く埋め、左にラインが延びる部分は薄めに挿し、終点から５本目のあたりで止める。

24 メリハリを与えるためのラインデザインを挿す

スプレーマムの下にコギクを挿し、白のグラデーションを表現する。下段右端のフローラルフォームの右奥に、蕾のキクⓀを挿す。挿し終えたグラデーションの右下のⓁよりやや低めに、花一つ分程度、隙間を空けて挿す。

POINT

注意したいポイント

カーブラインの挿し位置で立体感のある波頭を演出

１～３列目のカーブラインは、波頭との距離を取り、フローラルフォームの奥側から挿し始めて、波頭の立体感を演出しています。４列目のカーブラインは、四つ目の波頭とつなげて手前に挿しているため、１～３列目との距離感が強調されメリハリがつき、波が手前に押し寄せてくるような立体感を表現することができます。

25 グラデーションを引き立てるように、カーブラインを引く

Ⓚから左方向に波頭のアウトラインに沿わせて、緩やかなカーブを描きながらキクを挿す。徐々に開きのキクにして、6本目くらいで開きのキクを挿し、その後は再び花を小さくし、立体感を演出する。終点は中央のフローラルフォームの左前方。蕾のキクを挿し、高さは1～4列目のカーブラインの終点に合わせる。

26 やや隙間を空け、2列目のカーブラインを挿す

[25] で挿した1列目の2本目のキクの下に、2列目の1本目となる三分咲きのキクを挿し、徐々に開きにして1列目に沿わせる。4本目くらいで開きのキクを挿し、その後は再び花を小さくし、右から5番目のフローラルフォームの左手前までつなげる。終点は蕾のキクを挿し、高さや位置は1列目の終点に合わせる。

27 フローラルフォームの露出部分を葉物で覆って完成

同様に、3～5列目を挿す。フローラルフォームが露出している波頭の下に、レザーファンを挿し、フローラルフォームを隠す。キクで5列のラインを取った右下部分は、洋花のグラデーションで仕上げる場合もある。白のキク一辺倒ではなく、さまざまなパターンで製作が可能。

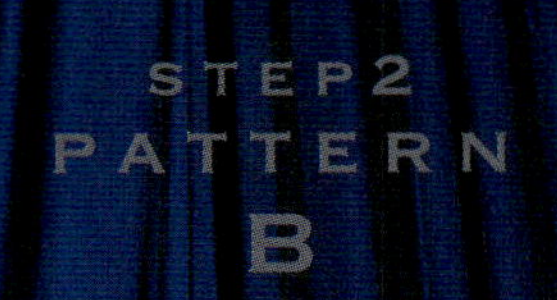

PATTERN A にカラーグラデーションで立体感を出す

波 × キク × 色花

青の花材のグラデーションで表現する、
波の美しさと立体感

PATTERN A にカラーグラデーションで立体感を出す

▶ 完成サイズ：1 間（1.8m）× 3 段

白から青のグラデーションで
波の立体感を表現する

PATTERN A（p.372）の波頭の渦部分に、色を入れたバージョンです。「波」のパーツに色花を入れて違和感がない部分は、右下のラインデザイン部分、もしくは波頭の内側部分。キクとスプレーマムの白色から、デルフィニウムの水色、青と続けて挿し、グラデーションを表現します。

作り方は、外形のラインの内側を面で埋めるラインデザインと同様ですので、難易度は高くありません。内側部分の右端には必ず色花を入れ、右端の波頭との境目をはっきりさせ、遠近感を出します。色花は水色 1 色でも構いませんが、濃い青も加えることで、白花とのコントラストが強調できます。

使用花材

◎花物
キク（白）……開き・40 本
キク（白）……中開き・20 本
キク（白）……蕾・20 本
スプレーマム（白）……70 本
コギク（白）……50 本
スプレーデルフィニウム（水色）……10 本
スプレーデルフィニウム（青）……20 本
◎葉物
レザーファン……30 本

挿し方

01 PATTERN A の完成から、ラインを抜き取った部分をアレンジする

PATTERN A の完成から、2・3 本目のカーブラインを取り外す。

02 | 1本目のカーブラインの始点から、横に列を挿す

1本目のカーブラインⒶの始点から右方向に、開きのキクを5本挿す。波頭よりも奥側に挿すことで、波頭の立体感を強調する。正面から見たときに、右寄りのカーブラインⒷとの間に間隔を空けておくようにする。

03 | 花と花の間の隙間を埋めるように、2列目を挿す

[02] で挿した1列目の花と花の間に、開きのキクを使って2列目を挿す。花と花の隙間を埋めて、白のラインをしっかりと作る。

04 できたスペースを つなげるようにして埋める

カーブラインⒶと、[03] で挿したラインの内側をスプレーマムで埋めていく。この後、カーブラインⒷとの間に、色花を挿すための空間を空けておく。

05 白花のラインの脇に、色花の列を重ねていく

スプレーマムのラインに沿って、脇に水色のスプレーデルフィニウムを挿す。

06 色花のラインを濃くし、厚みをつけていく

カーブラインⒶの終点の位置まで、水色のスプレーデルフィニウムを挿し、色花の厚みをつける。

07 より濃い色花のラインを同様に挿し、太さを出して完成

[06] の脇に、さらに濃い色のスプレーデルフィニウムを挿し、白→水色→青のグラデーションにする。色花部分は、黄色や赤など、水に見えない色は避ける。

STEP3 不規則さをうまく生かす、「山」のデザイン

自然の風景を思わせるラインで
ドラマチックに仕上げる

「山」のパーツを組み込んだ創作祭壇は、故人の人柄の壮大さや、故郷の景色の雄大さなどが表現できます。山を製作する際にもっとも避けたいのは、左右対称のなだらかな形を描くこと。子供のお絵描きのようにならないよう、不規則なラインで輪郭や稜線を描き、自然の風景を祭壇の中に再現します。

テクニック
01

不揃いにすることが魅力に

山の起伏をイメージさせるために、直線的ではなく、凹凸をつけましょう。挿し位置も前後にずらし、自然な山の形を表現します。

壮大な雰囲気の山と、裾野から悠然と流れる川を表現した祭壇。

テクニック
02

隙間が引き立てる

山の稜線と稜線の間には、しっかりと隙間を空けます。キク→スプレーマム→コギクのグラデーションで白の面積を減らし、コギクの葉や茎の緑色をしっかり見せることで、はっきりとした境目ができます。

テクニック
03

稜線の太さのバランス

外形のラインから内側に向かうにつれ、稜線は細く短くしていくと自然に見えます。挿す際は、全体のバランスを見ながら行いましょう。

テクニック
04

山並みで遠近感を表現

山が連なっているかのように、手前と奥に外形のラインを重ねると、遠近感が演出でき、より自然な雰囲気になります。

テクニック
05

「山」と「川」、「山」と「道」の組み合わせのバランス

「山」と「川」、「山」と「道」は、創作祭壇で多用される組み合わせです。その位置関係はデザインによって異なりますが、山の裾野から川や道を派生させると、自然な雰囲気が作りやすいでしょう。

高いテクニックと構成力を要する、「山」のパーツ

山×キク

雄大な「山」姿に、故人の人生や
故郷の風景を重ねて

高いテクニックと構成力を要する、「山」のパーツ

▶ 完成サイズ：上段１間（1.8m）＋下段８尺（2.4m）

人生を物語るにふさわしい自然の風景を表現する

「山」や「波」の祭壇は、その力強いイメージから、男性の祭壇に使われることがほとんどです。自然の山はゴツゴツしていたり、なだらかな部分や険しい稜線があったりします。山の自然な形を表現するには、花材の大きさや向き、高さ、位置を揃えずに挿すことがポイントです。適した花材を挿す判断力と高い技術、花材に対する細やかな配慮や演出が必要なパーツと言えるでしょう。

白木祭壇上に設置する場合は、事前に段差や横幅など細かい部分を計測しておく必要があります。葬儀会場の天井が高い場合などには、山の上に立ち物を使うと、スペースを埋めることができます。立ち物は季節感を演出する効果もありますが、白木祭壇や供花がある場合、山自体を強調したい場合には入れる必要はありません。

製作したような形だけでなく、地域を象徴する特定の山を表現して欲しいというリクエストも多いため、誰が見ても分かるよう、写真などの資料を見て、特徴を捉えて表現することが大切です。

使用花材

◎花物
キク（白）……120本
スプレーマム（白）……70本
コギク（白）……60本
◎葉物
レザーファン……適量

挿し方

01 フローラルフォームを縦置きに、２段分セッティングする

フローラルフォームは上段に11個、下段に14個を縦置きにして並べる。

02 上段の左寄りに、左の山の頂点となる１本目を挿す

上段左から４番目のフローラルフォームの中央奥に、左の山の頂点となる開きのキクⒶを真っすぐに挿し、台上から花先まで60cmの高さにする。

03 山のアウトラインを挿していく

Ⓐから左端のフローラルフォームに向けて、中開きから開きのキクを挿し、外形のラインを作る。山の稜線を表現するため、ラインは揃えずに、凹凸をつけながら挿すのがポイント。外形のラインに開きのキクを使うと、一つひとつの花が大きすぎて、遠近感が出にくいため、中開きから蕾を使い、高さが低くなるにつれ、開き具合や向きをランダムに変えて自然な雰囲気を出し、動きを演出する。

04 下段の左端まで、ラインを延ばして挿していく

下段の左端のフローラルフォームまで、外形のラインをつなげる。キクの高さや花の向きだけでなく、奥行きを揃えずに前後させ、ランダムに挿すと自然な雰囲気に仕上がる。頂上が尖り、稜線をハの字のように左右対称に広げて挿すと、幼稚な印象の山になってしまうため、注意する。

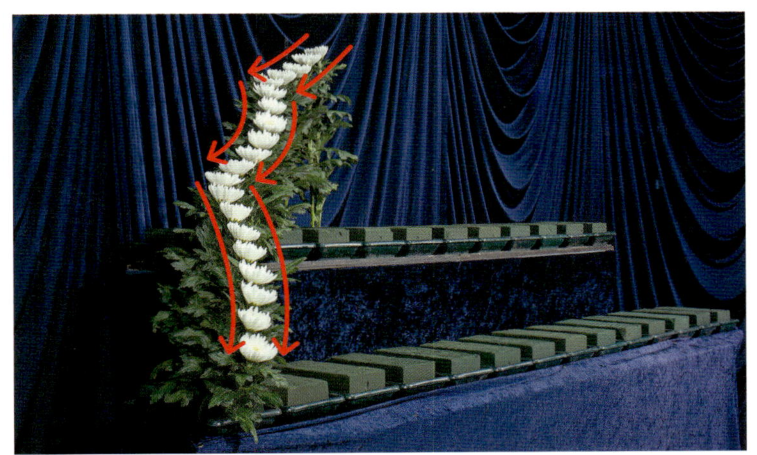

05　反対側の外形のラインを、頂点から数本挿す

山が連なっている雰囲気を出すために、Ⓐから右に向かって高さを下げながら、開きのキクを３本挿す。

06　連なる山の外形のラインを挿す

中心付近に、右の山の頂点ⒷをⒶより花一つ分高く挿し、左下に向けてランダムな外形のラインを作る。終点は［04］で挿した終点よりも、キク４本分程度高い位置で止めておく。

２つのラインの間隔を横側から見たときのバランス

１本目の外形のライン同様、ラインは揃えずに、凹凸をつけながら挿し、１列目と２列目のラインの間隔をランダムにすると、自然な山の風景らしくなる。

07　頂点から右側へ、外形のラインを延ばす

右の頂点から右下に向かってキクを挿し、山の斜面を作る。上段のスペースがなくなったら、下段につなげて、さらに挿す。

08 さらに下段の右端まで、ラインを延ばして挿す

下段右端のフローラルフォームまでキクを挿し、山の外形のラインを完成させる。外形のラインはランダムだが、左右のバランスを取ることが重要。奥と手前で山を重ねることで、自然な山並みや遠近感が演出できる。

09 山の稜線となる、ラインを挿していく

右の山の頂点から右下に向かって、もう１本ラインを作り、稜線を表現する。ここでもキクの高さはなだらかに下げずに、下げ幅をランダムにする。一定に下げると山の凹凸感が出ないため、下げ幅を大きくしたり、小さくしたりして凹凸感を表現する。

10 山の稜線のラインを挿し終えた状態

稜線の終点は、右側の外形のラインより、キク4本分程度高い位置で止めておく。稜線を作ることで立体感が演出できる。ここでもラインは揃えずに、凹凸をつけながら挿し、外形のラインと稜線の間隔をランダムにしている。

POINT

注意したいポイント

花材の高さを工夫する

フローラルフォームを2段使用して花材を挿す場合、まだ上段に挿すスペースが残っているのに、早めに下段のフローラルフォームに切り替えてしまうと、花材の高さが必要になってしまいます。花材の高さが70cmを超えるようになると、移動作業の際、挿した花がずれたり、祭壇の形が乱れたりしやすくなります。

また、花材が密集して挿しにくい場合は、葉が不要であれば葉を落としてから挿し、上段のフローラルフォームを有効的に使います。

11 山の外形のラインの2列目を挿して、濃く太いラインを作る

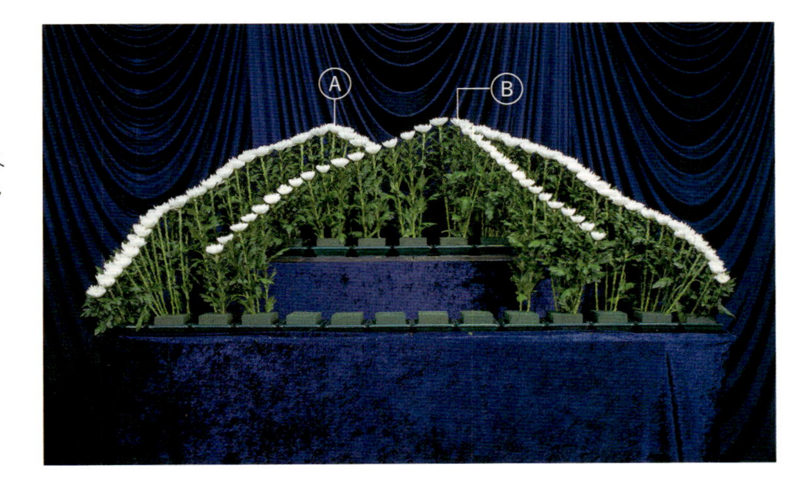

Ⓐから左に延びる外形のラインと、Ⓑから右に延びる外形のラインの、それぞれ2列目にキクを挿し、外形のラインを強調させる。スプレーマムで代用も可能。

12 花材を替え、列を重ねて厚みを持たせる

右側の外形のラインの3列目にスプレーマムを挿す。同様に4列目も挿して厚みを出し、山の立体感を演出する。

13 同様に、左の山の外形のラインに厚みを持たせる

[12] 同様、左側の外形のラインも3・4列目にスプレーマムを挿し、立体感を演出する。

14 さらに、右の山の左側、外形のラインに厚みを持たせる

右側の山の左側の外形のラインに、2列目にキク、3・4列目にスプレーマムを挿す。それぞれのラインは、内側に近づくにつれ、満開のスプレーマムから蕾の多いスプレーマムに替えて挿している。徐々に白の濃度を薄くすることで、立体感を出す。この後、さらにコギクも挿すため、4列目と内側の稜線の間を空けておく。

15 右の山の稜線の列を重ねて、厚みを持たせる

稜線の2列目に、スプレーマムを挿し厚みをつける。さらに、稜線の上部から左下に向けてキクを挿し、新たな稜線を作る。

16 同様に、左の稜線も濃くし、厚みを持たせる

[15] で挿した稜線の2列目にスプレーマムを挿し、厚みをつける。稜線を重ねて挿すうちに、ひとつのフローラルフォームに集中して挿す箇所が出てきたら、花材同士が押し合って形が崩れないよう、なるべく深く挿す。また、スプレーマムの代わりにカーネーションを使用しても良い。

17 さらに、稜線と稜線の間に短い稜線を加える

[16] で濃くした2本の稜線と稜線の間に、左下方向へキクを5本挿して新たな稜線を加える。

18 別の花材で２列目を挿し、ラインを太くする

［17］で挿した稜線に、２列目のスプレーマムを挿して厚みをつけ、白いラインを強調する。

19 すべてのラインに列を重ねて濃くし、厚みを出し終えた状態

右側の山に加えた稜線は、２つ連なる山の外形のラインや大きさに合わせ、位置、長さのバランスを取るようにする。稜線の長さは、外形のラインよりも短めにしている。

20 グラデーションをつけてより立体感を出す

外形のラインの内側と、それぞれの稜線の内側に、コギクを挿し、さらにグラデーションをつける。外形のラインと稜線の間は、指２本分程度隙間を空け、稜線を際立たせる。コギクを挿す際、隙間を埋めないように気をつける。コギクでも開いている物と、蕾の物があるので、選別して使用すると良い。

21 葉物を挿し、完成させる

フローラルフォームの前面にレザーファンを挿し、フローラルフォームを隠す。斜線部分に、アセビやヒバなどの枝物を挿して、山の木々を表現することもある。

CHAPTER 6

多様化する葬儀式に対応する自由な生花祭壇スタイル

どんなスタイルの葬儀にも調和する生花祭壇とは

葬儀式のスタイルが多様化する今日、
生花祭壇のニーズにも変化が見られます。
故人のライフスタイルや個性、好みなどが
より強く表現できる生花祭壇のスタイルを学びましょう。

故人の個性や人柄を表現できる自由なスタイルの自然風祭壇

従来は、白木祭壇とキクで製作する厳かな雰囲気の祭壇が定番でしたが、近年は自由葬が増え、それに伴い、洋花で製作するアレンジメントスタイルのニーズも増えています。このスタイルは、故人が好きだった野や庭の風景の再現など、自然風の祭壇が求められている場合に適しています。故人が好んだ花や色合いを取り入れることで、その人の個性や人柄が表現できます。また、ドウダンツツジやアセビといった、高さのある枝物を使えば、空間全体の演出ができると同時に、季節感を演出することも可能です。

注意点としては、これまでの生花祭壇スタイルとは、色のバランス、花材の配分、見せ方が異なること。新緑をイメージして枝物や葉物を多く使いすぎると、棺への花入れ用花材が足りなくなる事態が生じることも考えられます。その場合は生花祭壇とは別に、花入れ用として、コチョウランなどの花材を確保しなければいけない場合があります。

アジサイをポイントにしたパステル調の祭壇
2月末の葬儀。葬家から指定された花材とデザインで製作。故人が愛したアジサイとスイートピーを使用し、祭壇の左右には桜の枝を飾る。

故人の書に合わせ、和テイストで統一
京都から取り寄せた実ものや竹をアクセントに。スプレーマムとスプレーデルフィニウムで表現した、高さ3mの滝のオブジェを設置。

METHOD 2

アレンジメントスタイルの製作テクニックポイントを知る

アレンジメントスタイルの製作ポイントは、自然さを演出するための花材の組み合わせ。花材ごとの役割を把握し、形状や色合いを意識したセレクトを行いましょう。

黄色、オレンジ、ピンクの洋花とドウダンツツジの新緑で、明るくカラフルな仕上がりに。

花材の役割と組み合わせ

花材の組み合わせ

アレンジメントスタイルの花材にはそれぞれ役割があります。つる性の葉物は下部に挿して下垂させ、祭壇に自然さと動きを演出。また祭壇左右の端は、横向きに茎の長い花物や葉物を挿す「飛ばし」の演出法で、横幅のボリュームをアップさせます。

◎隙間を埋める大輪と小輪の花材

◎立ち物の花材

◎下垂する花材

◎飛ばしの花材

色合いの組み合わせ

葉物や枝物の緑、花物の白を基本色に、自然な雰囲気を演出します。大輪の花の隙間に、アクセントとしてやや小さめで濃い色の花材を入れると、全体の雰囲気が引き締まります。また白と緑の中に、ピンクやオレンジなど、明るい色合いの花材を加えると、華やかな雰囲気が作れます。

形状の異なる花材の組み合わせ

ボリュームある「球」の形のアジサイは、自然風祭壇の主役となる花材であり、隙間を埋める花材として重宝します。上部に「線」の立ち物の花や枝物を配して高さと動きを出し、「球」との形状の違いでメリハリをつけます。

ARRANGE
さまざまな様式に活用できる
アレンジメントスタイル
アレンジメント × 遺影まわり × 棺まわり
祭壇と棺まわりを、
自然風にトータルコーディネートする

STEP 1

遺影まわりの製作

さまざまな様式に活用できるアレンジメントスタイル

▸ 完成サイズ：8 尺（2.4m）

アレンジメント要素が強い自然風祭壇
棺まわりの装飾とのバランスも重要

無宗教スタイルの葬儀で使われることが多い、自然風の祭壇です。この祭壇は立ち物、メインの花物、小花、下垂する花物や葉物という、４つの要素で構成されています。立ち物で背景を作り、アジサイやダリアのようなメインの花物で、空間を埋めます。小花で花と花の隙間を埋め、下垂性の葉物や花物で動きやボリュームをプラス。花材のセレクトによって、出来栄えが左右されますので、事前にそれぞれの役割を担う花材を、しっかり準備しておくことが重要です。ただし盛り込みすぎると、原価が上がってしまうため、注意が必要。それぞれの花の特色を生かすため、花材はグルーピングするのが基本です。

使用花材

◎花物
アジサイ（白・黄緑・ピンク）………大・６本
アジサイ（白・黄緑・ピンク）………中・12 本
リンドウ（紫）…………28 本
シンビジウム（黄緑）…………12 本
デンファレ（ライムグリーン）…………20 本
バンダ（紫）……８本
◎枝物
ウンリュウヤナギ…………適量
ナンテン…………適量
◎葉物
ナルコユリ………適量
レザーファン…………適量
アイビー…………適量
オクラレルカ…………適量

遺影まわりの祭壇：挿し方

01 遺影まわりの祭壇を製作する

フローラルフォームを上段に 10 個、下段に 14 個、縦置きにして並べる。

02 左右非対称に バランス良く、葉物を挿す

フローラルフォームの前面にレザーファンをランダムに挿し、フローラルフォームを隠す。さらに、ナルコユリをグルーピングして残りのスペースに挿す。花物よりも先に葉物を挿し、自然に茂っているような雰囲気を作る。

03 斑入り葉で印象を明るく、遺影の下にも葉物を挿す

上段のフローラルフォームの遺影脇に、ウンリュウヤナギとナンテンをグルーピングして挿す。挿す場所を左右で変えて非対称にし、高さ、挿す本数を調整して左右のバランスを取る。ウンリュウヤナギのような枝物は、背景が透けやすいため、密集させ、厚みをつける。さらに、アジサイを上段に2カ所、下段に1カ所グルーピングして挿す。

04 遺影の両サイドに、左右非対称で立ち物の花材を加える

下段の左右それぞれ2カ所に、立ち物のリンドウを挿す。[03] の枝物を挿していない空間を使い、背景が透けないよう、花材は重ねずに放射状に広げる。自然風の祭壇の枝物は、ナンテンやドウダンツツジ、モミジなど、季節感のあるものを使うと良い。モミジのように、水下がりしやすいものは花瓶に挿して遺影まわりに使用する方法もある。

05 さらに枝物を加え、下段に大きめの花物を挿す

黄緑色のアジサイを、左右と中心に挿す。花物を挿す場合は、大きなものから挿し始めて、全体のバランスを取る。丸い印象のアジサイを祭壇の上部にも加えると、全体が丸い印象になってしまうため、中間や下部に挿す。上部は線の花や枝物を挿して高さを出し、シャープさを演出する。

06 色花をやや左右対称に挿す

[05] よりも小ぶりのアジサイを２種類使い、バランスを取りながら、花と花の隙間を埋めるように挿す。色、サイズが異なるアジサイを３種類程度使うと、アジサイを主役にした祭壇という印象が作れる。

さらに、ポイント花となるシンビジウムを遺影脇などに挿し、高級感を出す。左側は、遺影のすぐ脇に挿す。右側は、左側と同じ位置には入れずに、中心からやや離れた位置に、本数を増やして低めに挿してバランスを取る。

07　バランスを考えながら、ポイント花をランダムに配置

最下段に、ポイント花となるライムグリーンのデンファレをやや下に向けて挿し、丸い印象のアジサイと対比させる。デンファレは、立たせて挿す場合もあるが、このように垂れる葉物に合わせるスタイルもある。さらに最下段に、つる性のアイビーを垂らす。アイビーのようなつる性の葉物は、現場での設営時に最後の仕上げに入れて動きを出す。

08　[06] よりもやや小さめな花を、バランス良く加える

淡い色合いのアジサイの花と花の間に、ポイント花の濃い青のバンダを挿す。白とグリーンを基調とした祭壇に濃い青花がアクセントになり、引き締まった印象を作ることができる。

09　さらに小さめの花で、グラデーションを演出し、ランダムに色花を加える

全体のバランスを見て、寂しい印象の箇所にライムグリーンのデンファレを加えて調整する。アジサイとアイビーの間など、最下段にオクラレルカを挿し、線の印象を加える。

ポイントになる花はシンビジウム、バンダのようなラン系の花。白×グリーンをベースに、ポイントにブルーを加えている。もっと女性らしい印象にするには、白×グリーンにピンクを加えたり、白い花を多く使うのがおすすめ。全体的に大きな花を使っているので、細かすぎる花材を入れてもあまり映えないので注意する。

STEP
2

棺まわりの製作

棺まわりのアレンジテクニック ▶完成サイズ：三方見コの字型

祭壇とのバランスを取り控えめ、かつ美しく飾る

無宗教や教会での葬儀式の場合、または家族葬、リビング葬などでは、葬家の希望によって、棺まわりの生花で装飾する場合があります。棺まわりの装飾は、花材を規則的に挿していくのが基本ですが、祭壇が自然風の場合は、雰囲気に合わせて自然風に仕上げることがあります。棺がある場合、一定の距離を保って見る祭壇とは異なり、会葬者が棺のすぐ側まで寄ることになります。その際、棺まわりのフローラルフォームが見えないように、葉物でしっかりと隠すことが大切です。

使用花材

◎花物
カラー（白）……14本
トルコキキョウ（白）……14本
カーネーション（ライムグリーン）……40本
◎葉物
アイビー……適量
ナルコユリ……適量
リキュウソウ……適量
レザーファン……適量

挿し方

01 ｜ 棺のまわりに、フローラルフォームをセッティングする

フローラルフォームを前方に6個、両脇に2個、棺を取り囲むようにして横置きに配置する。縦置きにすると、棺まわりに厚みが出すぎてしまうため、必ず横置きにする。

02 ｜ 棺の三方に、棺の側面の面積の半分ほどを覆うように、葉物を挿す

フローラルフォームの前面にレザーファンを挿し、フローラルフォームを隠す。また、フローラルフォームの上面にもレザーファンを挿す。棺に沿わせながら斜めに立てて、棺全体の半分程度の高さが隠れるように挿していく。上部に挿したレザーファンは、この後に挿す花の高さの目安になる。

03 さらに斑入り葉で、側面の面積の半分を隠すようにする

上面に挿したレザーファンを覆うように、ナルコユリを挿す。これ以上花材の高さが高くなると、棺の蓋が開けにくくなるだけでなく、棺が埋まっているようにも見えてしまうため、高さはレザーファンに合わせる。

全体を見たときの状態

04 花の茎をクロスさせながら、全体に挿す

カラーの茎の曲がりを利用しながら、花同士が向かい合うように挿し、茎の上部をクロスさせる。カラーもナルコユリやレザーファンの高さに合わせる。

05 白花を均等に挿し、規則性を出す

カラーの茎同士がクロスしている部分の下に、トルコキキョウを挿し、さらにその下にもトルコキキョウを２段分挿す。下段の花は、常に上部に挿した花と花の間に挿すと、自然に規則性のある形になる。

06 白花を囲むようにして色花を挿し、引き立てる

トルコキキョウの花と花の間に、ライムグリーンのカーネーションを挿す。トルコキキョウと同様に規則性をもって挿すようにする。

07 ランダムにつる物を加え、エレガントさを演出して完成

花と花の間にアイビーとリキュウソウを挿し、つるを垂らす。全体のバランスを見ながらランダムに挿すようにする。

棺まわりには、遺影まわりに使用した青系の花は入れず、白と黄色のみで抑え気味に。アイビーやリキュウソウで動きをつけ、グリーンの存在感を強調させている。

CHAPTER 7

大型生花祭壇の製作と設営

METHOD 1

特殊な大型サイズの生花祭壇を製作する

大型生花祭壇が必要とされるのは、企業の創業者や重役、
業界に大きく貢献した方などが亡くなった場合に行われる、
規模の大きな社葬やお別れ会などです。
通常の生花祭壇とは異なる、大型祭壇の製作ポイントを解説します。

大型生花祭壇製作の段取りと提案のポイント

社葬やお別れ会は、一般的な葬儀式とは異なり、逝去から日にちを置き、納骨前の四十九日までに行われることが多く、場合によってはさらに日を置くこともあります。会葬者が五百〜千人程度見込まれる大規模な会は、葬儀場の一番大きな部屋や文化施設のホール、ホテルの宴会場、大広間、大宴会場などで行われ、その場合は会場サイズに対応した大型祭壇が必要となります。

大型生花祭壇製作の段取りとしては、初めに式担当者や葬儀社と打ち合わせを行い、製作側として必要な情報を得ます。その会が葬儀式として執り行われるのか、お別れ会なのか、会場は葬儀場かホテルか、葬儀スタイルであれば宗教・宗派はどうなるのか、僧侶を呼ぶか、祭壇にお骨や位牌を置くか。お別れ会であれば、着席スタイルか立食パーティー形式か。さらに会場のサイズ、葬家の希望や予算などを確認した後、数パターンのデザイン案を提出します。場合によりさらに打ち合わせを重ね、祭壇のスタイルを決定します。

シンプルで厳かな左右対称スタイル

お別れ会や社葬など、大型葬において、比較的多く依頼されるシンプルなデザインのひとつ。オーソドックスな左右対称で、幅は６間（10.8m）。ステージ下の献花台は一般参列者用で、上段は指名献花用。中央に使用した薄紫のトルコキキョウ以外は、白花で統一している。遺影下のポイント花は白のコチョウランを使用し、清楚さと格式を印象づける。

METHOD 2

大型生花祭壇の特徴と製作ポイントを知る

大型祭壇の製作方法は、通常の祭壇と基本的には変わりませんが
大型ならではのテクニックや注意点があります。
提案段階から会場の条件を考慮した製作方法まで、ポイントを解説します。

大型祭壇ならではの製作テクニック

明確な意図を持つ

初めにどのような祭壇にするか、方向性を決めます。キク主体か洋花主体か、ラインデザインにするのか、会社のロゴマークやコーポレートカラーを取り入れるのか、故人の趣味や故郷の景色を表現する創作祭壇にするのか。葬家と初めに打ち合わせを行う葬儀業者に情報をもらい、概算やサイズ・デザインなどを提案します。

条件に基づくサイズやデザインの変化

祭壇サイズは、会場の大きさ、幅、高さに合わせますが、供花を祭壇両脇に入れるかどうかでも変化します。お骨や位牌、故人が受けた叙勲などを祭壇に設置する場合は、祭壇のデザインを変える必要があるので、確認しておきましょう。供花はロビーや会場までの動線に並べたり、別会場に飾る場合もあります。

フリータッチの法則

左右対称の場合、右利きであれば左側から製作し、右側は左側の形を取るのがおすすめ。左側のライン取りの際、細かく中間点を挿すと、曲線を滑らかにつなげにくくなるため、始点と終点を設置したら、その間はフリータッチでつなげ、後から挿し位置や高さを調整。右側は、修正後の左側に合わせて挿しましょう。

空間認識のコツ

祭壇製作の前に、会場の特色を知ることが重要。ホールの舞台に祭壇を設置するなら、会葬者は祭壇を見上げることになります。目線の高さが変わると、前後する花材同士の隙間、花の顔の見え方などが変わります。会場の情報を得て、実際の会場での見え方をイメージし、条件に合わせて作れるかどうかが大切です。

祭壇と遺影のサイズのバランスを取る

あらかじめ、使用する遺影のサイズを確認しておきましょう。例えば、祭壇の幅が6間、高さが4～5段程度の祭壇であれば、遺影の縦幅は150～180cm、横幅は100～150cm程度のサイズが適しています。場合によっては、製作する祭壇に対して、適した遺影サイズを提案することも必要です。

大型祭壇受注後の注意点

祭壇を会場で一から製作すると時間がかかってしまうため、基本的には作業所で製作したものを、パーツに分けて車で運び、現場で組み直します。製作したものを運べば、作業時間の短縮ができますが、作業所の確保をしておかなければいけません。また、製作前に会場の搬入動線の確認もしておきましょう。

花材の組み合わせと選び方について

花材のボリューム感に注意

例えばトルコキキョウの場合、フリンジ咲きと一重咲きでは、花のボリュームが異なります。ボリュームの小さな一重では、より多くの本数が必要で、挿す手間が増え、原価も上がります。目的に合わせ、適した花材と品種を選びましょう。

使えない花材を確認

使用が禁止されている花材があるか、あらかじめ確認しましょう。キクが使用禁止の場合は、スプレーマムなど別の花材が必要になり、予算が上がる可能性があります。ただし、デザインにより、キクを使わないと製作できないスタイルもあります。

祭壇以外の装飾も確認

祭壇以外にも祭壇両側のオブジェ、式場入り口の看板やメモリアルコーナーなど、依頼によってさまざまな場所に装飾を行います。献花を行う場合は、献花用の花材も用意。すべての装飾を含めた上で、料金の計算をする必要があります。

花材の水下がりに注意

花材が水下がりすると祭壇全体の見栄えが悪くなるため、絶対に避けなければなりません。ストックのような水下がりしやすい花材は、フローラルフォームに深めに挿し、蒸散防止のスプレーをかけましょう。また、会場の空調を確認し、夏であれば夜間も冷房を入れる、冬であれば夜間の暖房を切るなどの対策を講じる必要があります。会当日にチェックを行い、水下がりした花材を交換できるよう、予備の花材を持参しておくことも必須。通常２列のライン取りを、４、５列にして厚みをつけておくと、水下がりをした植物が目立ちにくくなる場合があります。

現地で挿す花材

基本的におおまかな花材は作業所で挿し、完成させた状態で運搬しますが、遺影との組み合わせは現場で行うため、遺影下のポイント花は遺影設置後に挿します。運搬中に傷んだ花材の取り替えや、その他のアレンジメント製作も現場で行います。

大型祭壇ならではの留意点

花色は濃く太く、メリハリをつける

大型葬の場合、通常の葬儀式よりも、祭壇から下がった位置で焼香します。色花のラインが細かったり、花色が薄いと、祭壇全体がぼやけた印象になりがちです。花色は通常より濃く、ラインも太く広い範囲で入れるよう心がけましょう。

会葬者の動線で祭壇の形を変える

会場の動線により、祭壇の側面が見える場合は、祭壇をコの字形にして側面を隠します。厚みをつける分、花材量と作業量が増えるため、予算はアップします。祭壇のサイズにもよりますが、側面の厚みを2m前後にする場合もあります。

クレームを生む花色の違い

提案した花色と実際に使用した花色が異なると、クレームを生む原因になります。企業のロゴマークなどを、花材で表現する場合は、会葬者の目を引くポイントに配置しますので、細心の注意を払い、必ず実際の花色と必要な色の確認をしましょう。

パネルを取り入れて飾る

企業のロゴマークを祭壇に飾る場合は、パネルを使用する方法もあります。デザインが細かすぎるときは、花材で表現するより、パネルにロゴマークを印刷し、周囲を花で飾る方が美しく仕上がります。製作者として、ケースに応じた提案をすることも大切です。

花材の持ち出しすぎに注意

現場で製作する場合などに予備花材を大量に持参すると、残った花材で予算外のアレンジメント製作や、花材の使い切りを依頼されることもあります。フローラルフォーム１個に挿す本数から必要な花材数を割り出し、無駄にならない程度に持参しましょう。

METHOD
3

白色を基調に洋花で製作した、代表的なスタイルの大型生花祭壇

白の洋花をふんだんに使い、厳粛さと優美さを兼ね備えた大型生花祭壇。
余計な装飾を排したシンプルなスタイルだからこそ、ゆったりとした曲線ラインのフォルムと、
整然と並ぶ花の美しさが際立ちます。

白色を基調に洋花で製作した、代表的なスタイルの大型生花祭壇

▶ 完成サイズ：6 間（10.8m）

シンプルだからこそ美しい 白を基調とした洋花祭壇

白い洋花を基調にし、中央部分に淡い紫のトルコキキョウを配した、左右対称の大型祭壇です。形も色使いも非常にシンプル。花材の１本１本を整然と配置していかないと、美しく見せることはできません。

大型祭壇を製作する上で大切なことは、全体のバランスをどれだけ把握できるかということ。上段と下段の花の濃度は、バランスが取れているか、左右が均等に見えるか、花と花の間が詰まりすぎていたり、空きすぎていたりしないか。頻繁に 5 〜 10m 下がってチェックし、微調整しながら挿し進めていきます。製作経験を積むことでチェックの回数は減らせますが、慣れないうちは、チェックと調整を怠らずに丁寧に製作しましょう。

使用花材

◎花物
キク（白）……360 本
スプレーマム（白）……540 本
カーネーション（白）……400 本
トルコキキョウ（白）……250 本
トルコキキョウ（緑）……250 本
トルコキキョウ（紫）……80 本
アルストロメリア（白）……350 本
カスミソウ（白）……適量
コチョウラン（白）……35 本
ユリ（白）……30 本
◎葉物
アオドラセナ……適量
ゴッドセフィアナ……50 本
レザーファン……60 本

大型祭壇：挿し方

01 フローラルフォームを横置きに配置し、6段分をセッティングする

上段の 4 段は、フローラルフォームを 2 段一体型の設置台を使用し、上 2 段は 26 個 × 2 段、下 2 段は 30 個 × 2 段にする。下段は 36 個 × 2 段、すべて横置きにする。

02　中心からやや左側寄りの、最上段に頂点を挿す

上段１段目、左から 11 番目のフローラルフォーム中央奥に、頂点となる開きのキクを真っすぐに挿し、台上から花先まで 70cm の高さにする。
下段２段目の左端のフローラルフォームの左前に、終点となる開きのキクを前方に傾けて挿し、10cm の高さにする。始点の隣に２本目を挿す。祭壇のサイズが大きいため、始点と２本目は同じ高さに。以後は徐々に高さを下げ、終点まで微調整しながら、緩やかなカーブラインでつなぐ。

03　始点から、最下段の左端まで緩く、弧を描くようなカーブラインを挿す

大型祭壇の場合、始めのラインでは中間点を取りながら挿すと、緩やかなカーブにしにくくなる。フリータッチで挿し、微調整しながら挿した方がきれいな曲線を作りやすい。

２段目、３段目にかかるときの挿し方

上段から次の下段に移る際、下段の始めのキクは、花首が曲がっているものを使い、花が下段方向に傾く向きで挿す。それによって、真っすぐにフローラルフォームに挿しても、上段とのつなぎ目を自然に見せることができる。

全体を見たときの状態

このラインが祭壇の外形のラインになり、右側も同じ形に挿すようにする。キクが等間隔に配置されているか、ラインに凹凸がないか、必ず遠目から見てチェックし、必要に応じて微調整する。

04 左側のラインと同じ高さ、同じ花の向きで、ガイドとする7カ所を挿す

左側のラインを形取っているキクの高さを5本置きくらいずつ測り、左右対称になるよう、右側の同じ位置に挿す。右側に挿すキクは、左側と同じ開き具合のものを使い、本数も左側と同数にする。ガイドの数を多くすればするほど作業時間はかかるが、左側とのずれがなくなり、美しく正確に仕上がる。

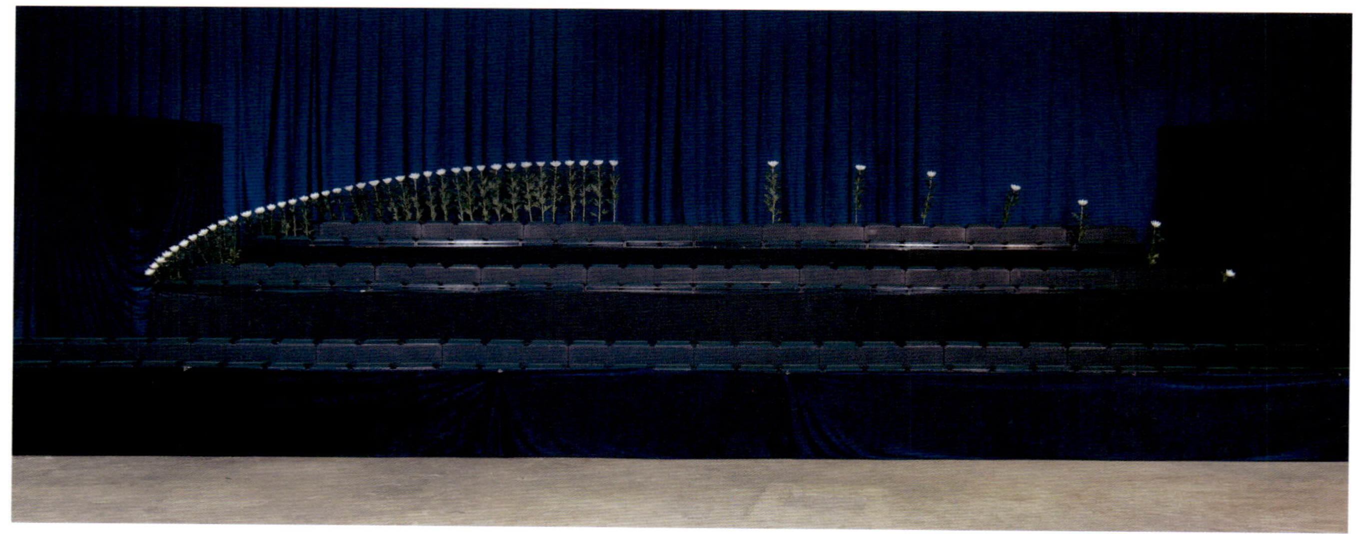

POINT

注意したいポイント

挿し終えたところで、遠目から確認しながら美しいラインに修正する

　左右対称にするにあたり、ガイドを使って挿しても、外形のラインが左右対称にならなかったり、形が崩れてしまったりすることがあります。1列目は、祭壇の形を決定づける重要なラインです。挿し終えたら、遠目から見て必要に応じて修正しましょう。

05 ガイドとして挿した花と花の間に均等に挿し、ラインをつなげる

ガイドとガイドの間に、左側と同じように均等にキクを挿し、外形のラインをつなげる。１列目で全体のフォルムが決まるため、ラインにがたつきがないか、外形のラインが左右対称になっているかを念入りにチェックし、必要に応じて修正しながら、形を整える。キクの在庫が足りない場合や、キクの祭壇が敬遠された場合などは、スプレーマムで外形のラインを取っても良い。

06 花と花の隙間をなくすように２列目を挿し、外形のラインを作る

１列目の前に２列目のキクを挿し、花材同士の隙間を埋め、外形のラインを強調させる。１本目は１列目の始点と２本目の間に、２本目は１列目の２本目と３本目の間に挿し、高さはそれぞれ１列目と合わせる。以降、左端の終点手前まで同様に挿す。

07 右側も同様に挿し、挿し終えた状態

３列目以降は、スプレーマムに替え、徐々に高さを下げながら挿す。右側も同様に挿し、左右対称にする。

08 ラインに丸みをつけるために、花材を替えて花の高さを変えながら挿す

スプレーマムを３～４列挿して厚みが出たら、白のアルストロメリアを挿す。[07] と同様、後列より低めにし、完成時に花の面がきれいに揃うように、高さを合わせて挿す。外形のラインを取った後、すぐアルストロメリアを挿すと、キクが透けて見えてしまう。キクの後にスプレーマムを挿して厚みを出してから、アルストロメリアを挿すと良い。

09 大幅なズレを避けるため、ブロックごとに挿したものをガイドにしながら挿す

アルストロメリアを花一つ分ずつ隙間を空けて、等間隔に挿す。次の列に移る場合は、前列の花と花の間に挿すようにする。花材同士の間隔や高さの目安をつけるために、フローラルフォーム２個分だけ挿し、これをガイドにして残り部分を挿すようにする。

10　左側全体に挿し終えた状態

中段の２段目まで、等間隔に挿し終えたところ。

11　右側も同じように、均等に全体に挿す

右側も同様に、中段の２段目までアルストロメリアを挿す。

12　遺影を配置するスペースの下部をつなげ、カーブラインのガイドとする

上段２段目の中心に、中央をやや低めにしたカーブラインでアルストロメリアを挿し、左右をつなげる。アルストロメリアは、上段１段目のフローラルフォームが隠れる高さで挿すようにする。

13　花と花の隙間に挿し、埋めていく

この後にポイント花を挿すため、薄めに挿す。アルストロメリアやカーネーション、トルコキキョウなどは、面を色で埋めたいときに必須の花材。使用したアルストロメリアは花が放射状に咲くため、上部に花がついていないものを使うと、前方に傾けて挿した際に隙間が空いてしまう。また、葉が成長すると花の側面にかぶることがあるため、あらかじめ葉を取っておくか、挿した後に目立つものを取り除く。

14 花と花の隙間に、異なる花材を挿す

アルストロメリアの花と花の間に、白のカーネーションを挿す。完成時に花の面が揃うよう、高さをアルストロメリアに合わせる。

15 全体に均等に埋まっているように見えるよう、右側も同様に挿す

右側にも同様に、白のカーネーションを挿し、左右対称にする。

16 下段左側に、大きく弧を描いたラインを挿す

下段1段目の左から9番目のフローラルフォームの左前に、開きのキクⒶを真っすぐに挿し、台上から花先まで70cmの高さにする。下段2段目の左から16番目のフローラルフォームの手前中央に中開きのキクⒷを右に傾けて挿し、5cmの高さにする。下段2段目左端のフローラルフォームの左奥に中開きのキクⒸを挿し、10〜15cmの高さにする。
ⒶとⒷを緩やかなカーブラインでつなげ、ⒶとⒸも同様に緩やかなカーブラインでつなげる。

17 右側にも左側と同じラインを引くため、ガイドとして数本を挿す

左側のラインを形取っているキクの高さを５本分くらいずつ測り、左右対称になるよう、右側の同じ位置に挿しガイドとする。ガイドとガイドの間に、左側と同じように、均等にキクを挿し、外形のラインをつなげる。ラインにがたつきがないか、外形のラインが左右対称になっているかをチェックし、必要に応じて修正して形を整える。

18 左右のラインの２列目を挿す

１列目の前に、２列目のキクを挿し、花材同士の隙間を埋め、外形のラインを強調させる。１本目は１列目の始点と２本目の間に、２本目は１列目の２本目と３本目の間に挿し、高さはそれぞれ１列目と合わせる。以降、左端の終点手前まで同様に挿す。

19　ラインを濃く、厚みを持たせる

３列目以降はスプレーマムに替え、徐々に高さを下げながら挿し、ラインに厚みをつける。

20　右側も同様に、ラインを太くした後、中央に葉物を挿していく

右側も同様に２列目以降を挿し、左右対称にする。下段の中央部分にアオドラセナを挿す。この後、葉と葉の間に花物を挿すため、一定の間隔を空けておく。左右の外形のラインができた段階で、中央にアオドラセナを挿しておくと良い。左右に花材を挿してからでは、奥側のアオドラセナが挿しにくくなってしまう。

21 葉物と葉物の隙間に、花物を挿す

アオドラセナの葉と葉の間にトルコキキョウを挿す。高さはアオドラセナに合わせ、面を揃える。

22 厚みを持たせたラインの下に、花材を替えて均等に挿す

左右のラインの下に、カーネーションを挿す。この後カーネーションの花と花の間に別の花材を挿すため、一定の間隔を空け、均等に挿す。

POINT

注意したいポイント

三角形を意識して均等に挿す

花材同士に隙間を空ける場合、2列目の花材は1列目の花と花の間に挿します。常に前列の花と花の間に挿すことで、花材同士の間隔は一定になり、美しい仕上がりになります。一定の間隔で挿すと、花同士の中心同士を結んだときに、同じ大きさの二等辺三角形が並んでいるのが分かります。

23 均等に挿した花の最下部に、葉物を挿す

下段2段目のフローラルフォームの前面に、レザーファンを挿し、フローラルフォームを隠す。

24 色違いの斑入り葉を挿し、右側も同様にする

[23] のレザーファンの上に、ゴッドセフィアナを挿す。

25 白花と白花の隙間に別の花材を挿して埋める

カーネーションの花と花の間に、アルストロメリアを挿す。高さはカーネーションに合わせ、面を揃える。

26 さらに別の花材で隙間を埋め、全体に隙間をなくす

空いているスペースにトルコキキョウを挿し、花と花の隙間を埋めていく。高さはカーネーションとアルストロメリアに合わせ、面を揃える。

27 中央部分の上半分に、大きな花を挿して華やかな印象にする

中央部分の上半分に、ユリを挿す。ユリの花が目立つよう、アオドラセナやトルコキキョウより、花半分ほど高めに挿す。蕾が開花したユリよりも 10 〜 20cm 高く出て、花にかぶるなら切り取っておく。同様に葉が花にかぶる場合も切り取る。

28 上段の中央部分に小花を追加し、均等に埋まっている状態にして完成

[27] の花と花の間に、淡い紫のトルコキキョウを、均等に挿す。上段中央の、アルストロメリアの花と花の間にカスミソウを挿して、隙間を埋める。

POINT

注意したいポイント

ユリのピック挿しのポイント

カサブランカなどは２番咲き、３番咲きになると、花が横向きに咲くことがあります。この場合は、茎を切りピック挿しにし、向きを調整して使います。満開の花は散りやすいため、中開き程度の花を選び、なるべく吸水できるよう、茎を長めに残すのがポイントです。ユリをピック挿しする場合は、水下がりしないオリエンタル系を選びましょう。

METHOD
4

大型生花祭壇製作後の設営作業について

お別れ会や社葬に大型生花祭壇を設営する場合は、
限られた時間内で多くの搬入物を運搬し、設置しなければいけません。
スムーズに作業できるよう、事前に準備をし、的確な設営を行いましょう。

設営作業の注意点と祭壇を美しく見せるためのチェックポイント

お別れ会や社葬が行われる会場の設備は、施設により異なります。そのため、搬入口や運搬用エレベーターのサイズ、廊下の幅など、事前に搬入経路の条件を把握しておくことが重要です。祭壇のパーツは、搬入時にスムーズに運搬ができるサイズに分割しておきます。配送車両は外装内装ともに清潔にし、会場敷地内では徐行運転を心がけましょう。また、携帯電話は電源を切るか、マナーモードに設定し、通話は周囲の迷惑にならないところで行います。急いでいてもできる限り走ったりせず、大声で話すことも控え、静かに行動すること。また会場では、むやみに物を移動させたり、触ったりせず、床に水をこぼさないよう注意し、徹底します。

祭壇の設営後は、最後に花材のチェックを行います。特に会葬者の注目を集める遺影まわりのポイント花は、傷みがないかどうか入念にチェックし、状態が悪いものは挿し替えます。また搬入作業中に乱れた花材も外して挿し替えましょう。水下がりしやすい花材には霧吹きをするなどの作業を行います。

豪華な祭壇と仏具台が設置されている

大型祭壇によく見られる、白を基調とした洋花の左右対称スタイル。緩やかなラインパーツを複数重ね、シンプルな中に重厚さを感じさせるデザインに仕上げた。祭壇の両サイドに配置した竹林のオブジェやサクラが印象的。

METHOD 5

製作後から現場設営までの流れを知る

社葬やお別れ会など、大型の生花祭壇を製作する場合は、
施主・葬家の要望やテーマ、規模、予算に合わせた提案を行い製作をします。
事前の打ち合わせから製作、設営、撤収まで、工程・手順を紹介します。

祭壇製作終了から現場設営、撤収までの大まかな流れ

○作業過程	○進行上の留意点
打ち合わせ・デザイン提案	祭壇のサイズやデータ、予算に応じた提案を複数提示する。
↓	
花材仕入れ	指定した花材の本数を揃え、開花の調整を行う。
↓	
祭壇製作	お別れ会・社葬などが催される日の前日までに製作する。
↓	
運搬	祭壇をパーツごとに分解し、式の会場に車で運搬する。
↓	
現場搬入	設置台を配置し、上段部分から設営をする。
↓	
飾り付け	遺影、お骨などを配置し、最終的な花材の飾り付けを行う。
↓	
お別れ会・社葬、待機	会が開かれている間、会場もしくは別室で待機する。
↓	
撤収作業	会終了後、撤収作業。会葬者に花束を渡す場合は花束を製作する。
↓	
搬出	持ち込んだすべてのものを撤収し、搬出する。

一般の葬儀とは異なる大型葬の生花祭壇設営の流れ

大型葬の場合、生花祭壇の製作から設営、撤収の流れは、一般的な葬儀とは大きく異なります。一般的な葬儀も地域や宗教により差がありますが、ここではおおまかな流れの一例を紹介します。

一般的な葬儀の場合、祭壇の打ち合わせは葬儀業者と葬家の間で行います。製作側は葬儀業者から日程、故人の性別、納品場所、祭壇内容などの情報を受け取り、通夜前日に祭壇の事前製作、通夜当日に搬入と最終的な飾り付けを行いますが、注文が入った日に通夜となる場合もあります。通夜、葬儀・告別式が終了したら、撤収作業を行います。

一方、社葬やお別れ会といった大型葬では、式担当者、葬儀社との打ち合わせにより祭壇のデザインを決定し、会が行われる日程から逆算して、製作を始めます。祭壇の搬入前に把握すべきことは、搬入の開始時間や式の開始時間などのタイムスケジュール。会場をどれだけ前借り・後借りできるかによって、現場で作業に充てられる時間も変わるため、確認が必要です。

祭壇の大きさやデザインで異なる会場設置方法

舞台上に設置する場合のポイント

文化施設のホールなどで行われる葬儀式・お別れ会の場合、祭壇は舞台に設置します。舞台上は床面の保護や床下の電気設備への影響の理由から、原則として水物厳禁です。設置の際の水こぼしには細心の注意を払いましょう。

祭壇の上部に看板を設置する際は、遺影と看板がかぶらないよう、あらかじめ看板の高さを確認します。祭壇の一番奥と看板が上下で揃う位置に設置すると、バランス良く見えます。

幅5間で製作された、左右対称の祭壇。ホールの場合、葬儀会場とは異なり、階段状に客席が設置され、前列の会葬者は祭壇を見上げ、後列では見下ろすことになる。どの角度から見ても祭壇が美しく見えるよう、花材は詰めて挿す。

祭壇台のみの使用で幕で覆う

幅4間で、牛と鯉をモチーフにした創作祭壇。バックの淡いグレーのカーテンが、花材の色合いを引き立てる。

専用の台の上に祭壇を設置

輸送車両についてと搬入時の留意点

搬入経路の事前確認を行う

駐車場の条件により、車両の高さ制限が設けられている場合があるため、事前に確認しましょう。大型車両が入れない場合、会場の近くで高さ制限以下の車に積み直して運ぶことも。地下や屋上など、高低差のある駐車場の場合は、隙間を空けずに荷を積み、荷崩れを防ぎます。

会場内の搬入経路だけでなく、駐車場の条件などの事前確認は必須。

METHOD
6

祭壇製作から現場設営、撤収の流れ

ここでは祭壇の製作から、運搬、搬入、設置、撤収までの流れを追っています。
生花祭壇のサイズは幅6間（10.9m）、祭壇台は5段を設置しています。
花材は白で統一し、アジサイやトルコキキョウの淡い緑をアクセントにしています。
祭壇脇にはサクラの枝を生け、竹林をイメージしたオブジェを飾ります。

PROGRESS1 搬入前日に祭壇製作段階に入る

01 デザインに基づいた位置、高さに合わせて祭壇台を設置し、フローラルフォームをセッティングする。

02 最上段の中央から花材を挿し始め、左の外形のラインが終わったら、左に合わせて右を挿す。

03 外形のラインの内側に白の花材を挿し、外形を強調する。

04 外形のラインの内側を白の花材で埋めていく。

05 下段の外形のラインを引く。

06 下段の外形のラインの内側を白の花材で埋めていく。

現場と同じ条件で祭壇台を設置し、大型生花祭壇の製作スタート

白花で統一させた大型生花祭壇は、お別れの会が催される２日前の朝から製作し始めました。会場の設置条件に合わせて祭壇台を設置し、上段部分から製作。中央は遺影のサイズに合わせて間を空けておきます。

07 下段中央部分の外形のラインを引く。

08 中段の外形のラインの内側を、白の花材で埋めていく。

09 下段の外形のラインとポイント花を挿すためのカーブラインを引き、内側を白の花材で埋めていく。

10 主な花材を挿し終えたところ。ここまでの作業時間は、スタッフ２人で９時間程度。

11 中央は遺影のスペースを空ける。下部にはポイント花を挿している。この祭壇の遺影サイズは 1.3m × 1.7m。

12 ラインはキク、ライン内側はスプレーマム、アルストロメリア、ダリア、トルコキキョウを使用。

PROGRESS2　運搬から現地搬入までの流れ

sideA：祭壇製作後の輸送車への積載作業

01 現場でスムーズに組み立てられるよう、パーツごとに番号を付けておく。

02 花材が水下がりしないよう、フローラルフォームにたっぷり給水する。

03 トラックの上下にパーツを載せられるように、荷台に板を渡しておく。

04 パーツを解体し、荷台に積む。

05 祭壇台も現場で使用するため、すべて畳んで荷台に積む。

06 パーツを荷台に積む。

07 会場の看板下に飾る装花を製作する。大型祭壇に使用したポイント花を使い、統一感を出す。

08 看板下用の装花もトラック荷台に積載する。

前日夜に会場への運搬、設置
当日の作業は花材のメンテナンスと撤収

お別れの会の前日夜から、運搬作業に入ります。会場の搬入経路が狭いため、パーツを 90cm 幅に分割します。設置開始時間は会場の都合によりますが、場合によっては、当日の朝から搬入となる場合も多々あります。祭壇両脇やメモリアルコーナーに飾るオブジェは現場で製作し、ポイント花のコチョウランやユリも現場で挿します。すべての飾り付けを終えたら作業終了。当日は花材のメンテナンスを行います。傷んだ花は挿し替え、水下がりしやすい花材には、蒸散防止用スプレーを吹き付けます。

sideB：会場内への搬入作業

01 お別れ会前日の夜から搬入開始。業務用エレベーターでパーツを運搬する。

02 会場が使用中のため、控え室にすべてのパーツを運んでおく。

03 会場に祭壇台を設置する。

04 上段中央に遺影をセットする。

05 運搬前に付けておいた番号どおりに、祭壇のパーツを並べる。

06 パーツを並べながら、遺影下にポイント花を挿す。

07 引き続きパーツを並べていく。

08 祭壇の両脇にサクラや竹のオブジェをディスプレイする。

09 生花祭壇の前に舞台をセットする。

10 舞台の上に仏具をセットする。

sideC：同時にメモリアルコーナーの装花

写真下スペースなどに、アレンジメントを点在させる。

PROGRESS3 当日の装花のセッティングから撤収まで

01 お別れの会が終わり、献花台にはカーネーションが手向けられている。

02 会終了後、直ちに撤収作業をスタートする。

03 会葬者向けのお持ち帰り用の花束を作る。

04 ポイント花を中心にお持ち帰り用の花束を作る。

会場入り口の案内看板下の装花。

祭壇と同様、メモリアルコーナーにサクラを生け、季節感を演出する。

CHAPTER 8

祭壇の作例集と適用花材

遺影まわりと基礎パーツの組み合わせ作例

遺影まわりとパーツとの組み合わせ方に決まりはなく、基本的に自由に組み合せることができます。
組み合わせる上で特に考慮しておきたいのは、上下のバランスです。
それぞれのパーツの形やサイズ、使用花材と花色、花材のボリューム感などを考慮し、
故人との最期のお別れにふさわしい、美しい祭壇を作り上げていきましょう。

EXAMPLE 1

上段：p.70「長く受け継がれてきた、左右対称のデザイン」
下段：p.148「厳かな印象を与える、キクの並列デザイン」

EXAMPLE 2

上段：p.40「左右対称でコンパクトな洋花祭壇」
下段：p.304「6本のラインで作る上品なS字ライン」

EXAMPLE 3

上段：p.56「白を基調とした、様式を問わないスタイル」
下段：p.162「PATTERN Aに曲線を組み合わせた『上がり並列』」

EXAMPLE 4

上段：p.82「カラフルな色合いのアレンジスタイル」
下段：p.264「カラーグラデーションと点対称のラインで魅せる」

EXAMPLE 5

上段：p.132「グラデーションを取り入れたスタイル」
下段：p.240「PATTERN B に色花で彩りを加えたバリエーション」

EXAMPLE 6

上段：p.108「さまざまな洋花を使った、自然風アレンジメント祭壇」
下段：p.246「PATTERN C を色花のグラデーションで印象を変える」

EXAMPLE 7

上段：p.118「さまざまな洋花を使った、自然風アレンジメント祭壇」
下段：p.208「PATTERN A を色花でアレンジしたスタイル」

EXAMPLE 8

上段：p.96「立ち物と組み合わせた左右非対称」
下段：p.198「グラデーションで印象的に見せるラインデザイン」

EXAMPLE 9

上段：p.40「左右対称でコンパクトな洋花祭壇」
下段：p.276「バランスが重要な、左右非対称の美しいS字ライン」

EXAMPLE 10

上段：p.56「白を基調とした、洋式を問わないスタイル」
下段：p.254「カラーが異なるラインを使った『クロスライン』」

EXAMPLE 11

上段：p.70「長く受け継がれてきた、左右対称のデザイン」
下段：p.186「ラインの流れの方向を変えたバリエーション」

技術力向上のための重要なポイント

ここで紹介する祭壇は、10年以上前に製作したものです。
現在のものと比べると、全体的にメリハリがなく、デザイン、色のバランスや
花材の組み合わせ方なども未熟な部分があります。
祭壇製作者としての技術を向上させるためには、日々の練習を重ね、実務経験を積むのはもちろん、
これまで製作してきた作品を見つめ直し、問題点や改善点を見い出すことも大切です。

CASE 1
全体にまとまりがない

外形のラインが1列のみのため印象が薄い。内側の色花の種類が多く、色合いにばらつきがあり、グラデーションにもなっていないため、散漫な印象。

CASE 2
グラデーションがまばらすぎる

ラインデザインの構成は良いが、内側のスプレーマムをまばらに挿しているため、グラデーションが表現されておらず、空間が目立っている。

CASE 3
ラインの印象が弱い

内側のハート形のラインが、白線になっておらず弱々しい印象。ライン内側に挿した白花もまばらで、グラデーションになっていない。

CASE 4
下段の統一感がない

左右非対称のデザインだが、外形ラインの内側の花材の挿し方がまばら。右側につなげたラインが薄く、色花の種類が多いため、ぼけた印象。

CASE 5
点対称ラインのバランスが悪い

点対称のラインデザインだが、左側の２本のラインは間隔が空き過ぎ、右側はラインはくっつきすぎで、左右が揃っていない。

洋花の使い方は良いが、右側の点対称のラインが、左側より高くて太すぎる。上下のラインで挟んだ２本の細いラインとのバランスも悪い。

CASE 6
波のバランスが悪い

花材を密集して挿していないため、波の濃淡がない。波頭の下に挿した、波の渦のラインが薄く、特に左は直線的で単調な印象。

CASE 7
山の色と形の濃淡が平面的

山の外形が揃いすぎ、また内側のスプレーマムもまばらで濃淡がなく、全体的に平面的な印象。山の裾野が広がる風景も感じられない。

使用花材リスト

生花祭壇の製作に不可欠な花材は、一般的に流通している植物を使用します。
「ラインを取る」「面を埋める」「空間を埋める」といった目的に適した花物や葉物を選びます。
季節感、女性らしさ、男性らしさなど、
祭壇の雰囲気を変えるのも、花材のセレクト次第です。

ポイント花

遺骨まわり、お骨や位牌のまわりなどに飾る花。もっとも注目を集めるポイントで、
豪華さを演出するランをグルーピングして挿し、豪華さを演出します。

オリエンタルユリ

オンシジウム

カトレア

コチョウラン

シンビジウム

デンファレ

デンファレ　バンダ

キク類

キク、スプレーマム、ピンポンマムといった種類があり、ライン取りや面を埋める役割があります。キクは祭壇のデザイン構成によって、蕾から開きまでの各段階を使い分けます。

キク（蕾）

キク（三分咲き）

キク（中開き）

キク（開き）

キク

コギク

スプレーマム　ピンポンマム

花物

高さを出す線の花、グラデーションを出すための花。色味を出す花などがあります。
いずれも一般的に流通している種類を使用します。

スプレーカーネション
ガーベラ

カラー
キンギョソウ

グラジオラス
グロリオサ
サンダーソニア
サクラ

スイートピー　ストック

スターチス　ストレリチア　スプレーストック

ダリア　テッポウユリ　テマリソウ

デルフィニウム
スプレー
デルフィニウム
トルコキキョウ

バラ

葉・枝・つる・実物

形を見せる、空間を埋める、フローラルフォームを隠すなどの目的で使われます。
一定の時期にしか流通しないものは、季節感を出すために使用します。

ドウダンツツジ
トクサ
ドラセナ・
サンデリアーナ
ナルコユリ
ハラン

ヒバ
ヒペリカム
モンステラ

ミスカンサス
ヤツデ
リキュウソウ
レザーファン
レモンリーフ

三村 晴一 | Seiichi Mimura

生花店の3代目に生まれ、JFTD学園日本フラワーカレッジを卒業後、大手葬儀生花専門会社に就職。2007年3月、家業である有限会社ミムラ花店を、「株式会社サンヴィラージュ」に組織変更し、代表取締役に就任。生花祭壇設営と生花祭壇講習に特化した事業を開始する。以降、全国各地のJA、自治体、卸売市場の業界団体やさまざまな展示会などで、葬儀生花祭壇の講義・デモンストレーションを実施。社団法人JFTD学園日本フラワーカレッジでの葬儀生花授業の非常勤講師となり、現在に至る。全国の著名人や企業創業者の社葬・お別れの会などの大型生花祭壇製作に高い実績を持ち、美しい生花祭壇を製作することで定評がある。

株式会社サンヴィラージュ

〒364-0006　埼玉県北本市1-133
tel：048-591-2083
fax：048-591-3190
http://tearsdirection.jp

Sunvillage co.,ltd.

装幀・本文デザイン：白畠 かおり
実例写真撮影：三村 晴一
撮影・取材・文：平沢 千秋
文［CHAPTER 1］・碑文谷 創
編集：篠谷 晴美

撮影協力：スミザーズオアシス ジャパン／ミムラ花店

日本の生花祭壇

美しい生花祭壇を製作するための基礎テクニック完全版

2018年7月18日 初版第1刷発行

著　者　三村 晴一
発行人　三芳 寛要
発行所　株式会社 パイ インターナショナル
〒170-0005　東京都豊島区南大塚2-32-4
tel：03-3944-3981　fax：03-5395-4830
sales@pie.co.jp

印刷・製本　株式会社東京印書館
プリンティングディレクター　片山 雅之

ISBN978-4-7562-4986-9　C2077　Printed in Japan

Japanese floral arrangement
for funeral services